可能性は無限大！

モンテッソーリ教育 × 脳育 × 口育

賢い子を育てる 口からはじめる 育児メソッド

上野清香 著

Clover クローバー出版

はじめに

少子化と言われていますが、上野歯科医院には毎日たくさんの子どもたちがやって来てくれるので、私はいつも、子どもたちの元気な笑い声や泣き声、おふざけやいたずら、恥ずかしそうな笑顔など、ありとあらゆる表情に触れて活力をもらっています。

子どもたちの個性は、本当にさまざまです。それを目の当たりにして感じるのは、伸び伸びと育っている子ばかりではない、ということ。

本来、人間という生物として発達すべき部分が、未発達であることがとても多いのです。そうした体の発達の遅れが、その子の情緒や性格にまで影響を及ぼすこともあって、かんしゃくを起こしたりイライラしたり、落ち着きがなかったりするケースは多いです。

ただ、どんな個性であっても、すべての子どもたちは可能性に満ちた愛すべき存在であるということも、私は経験から知っています。

親は、子どものために良かれと思って、早期教育をしたり大人の都合に合わせたしつけをしたりするものですが、それが正常な発育に悪影響を及ぼしているとしたらどうでしょう。

子どもへの最大のプレゼントは、早期教育などではなく、健やかな体と心であるはずなのです。

だから私は、いつもジレンマを感じてきました。

上野歯科医院に子連れでやってくる親御さんたちは、いつも我が子のために一生懸命です。でも、正しい方向に一生懸命になれる人は案外少ないもの。そしてそれは、上野歯科医院に来院する親ばかりでなく、日本中の親にも言えることなのだとわかっています。

正しい発達を促す子どもの育て方。それを、多くの人は知りません。

私には子育て経験はありませんが、母親になりたいと心から願い、それが叶えられそうなところで希望を奪われたつらい経験があるので、人一倍、子育てに対するサポートの気持ちは強いです。

母親になれなかった私が、子育てに苦労する親御さんに、歯科医療従事者としてたくさん学んできたことをお伝えすることができたら……。

そんな想いで生み出した子育てメソッドが、「デンタルモンテッソーリ®」でした。

歯科医療の視点を出発点にしながら、子どもの全身の発育について調べ尽くした私が、それをモンテッソーリ教育を参考にしながら理論化したものです。

デンタルモンテッソーリ® なんて知らなくても、健やかに育つお子さんはたくさんいるでしょう。その昔、子育ての先人たちは、科学的な子育てメソッドとは無縁の子育てをしてきて、それでも子どもたちは正常な発育をすることが多かったはずです。

それは、科学的な子育てメソッドが自然の摂理に添ったものであり、自然の摂理のままに育てていれば正常に育つから。

でも、自然のままが難しくなっている今、きっとデンタルモンテッソーリ®は子育て中のみなさんのお役に立てるはずです。

悩みのない子育てはありません。

どうぞ、デンタルモンテッソーリ®を試してみてください。これまでに、多くの親御さんの悩みを救ってきた実績もあります。

そして、健やかなお子さんのかわいらしさを引き出し、「立派に育てなければ」という義務感よりも「ただ愛しい」という単純な愛情を思い出しましょう。

きっと、親御さんご自身も、今よりもっと幸せになれるはずです。

上野　清香

contents

contents

CHAPTER 2

はじまりの口育

contents

CHAPTER 3

日常生活を送る動作・活動の土台となる足育

CHAPTER 4

子どもの可能性を大きく広げる目育と手育

contents

CHAPTER 5

デンタルモンテッソーリ®の遊び

CHAPTER 6

子どもの成長に合わせたデンタルモンテッソーリ®

デンタル
モンテッソーリ®
キホンのキ

CHAPTER 1

モンテッソーリは知っているけれど、
デンタルモンテッソーリ®って何だろう？
そんな疑問にお答えし、
デンタルモンテッソーリ®の基本をお伝えします。
ここから目指すのは、段階を踏んで
自ら成長していく子どもを見守る親になること。
その一歩を踏み出しましょう。

1

デンタルモンテッソーリ® 教育って？

デンタルモンテッソーリ®教育とは、私が広く学んできた「子どもが健やかに発育していくために必要な体の動かし方」を、日本でもなじみの深いモンテッソーリ教育になぞらえて体系化したものです。

近年、子どもたちが転びやすくなってきて、しかも転んだ時にとっさに手をつくことができずに顔を地面に打ち付けてしまい、歯科を受診するケースが増えています。

これは、適切に体を動かしていないせいで、本来の機能が育まれていない証拠です。

そんな状況を危惧して、健やかな発育のために必要なことを発信したくなりました。

そこでピンと来たのが、もともと療育の目的ではじまったモンテッソーリ教育を活用すること。根柢の理念に重なる部分が多いですし、日本でも広く認知されているので、受け入れてもらいやすいと考えたのです。

お受験のイメージもあるかもしれませんが、本来のモンテッソーリ教育は、体をたくさん動かすもの。「運動能力と賢さはつながっている」ことを実感させてくれる点で、私の理論と親和性が高いです。

体をたっぷり
動かしましょう!!

子どものやる気を
大切に！

一人の時間も
大切に！

2

デンタルモンテッソーリ®教育は家でできる理想的なメソッド

現代の子育ては難しいですよね。なにしろ、保育園が建つとなれば近隣から「うるさくなって迷惑だ」とクレームが来る時代です。

そんな時代の中で、デンタルモンテッソーリ®は近所迷惑を心配する必要のないメソッド。日本の住宅事情にも安心です。

体を動かして発達を促す教育とはいえ、実際に子ども自身が激しく運動をするものではありません。

たとえばお母さまのお膝の上で電車ごっこをするなど、体に刺激を与えることで健やかな発達を促すのです。

モンテッソーリ教育には、もともと「枠を決める」という考え方があります。だから、外では走り回ってもいいけれど、家の中はそういう場所ではないとしっかり教えるのです。

そして、枠の中で子どもたちに自由にさせる。そんなルールを教える考え方も、私のメソッドの価値観と似ています。

騒音が気にならない大きな家に住んでいる人なんて、日本には一握り。

マンションやアパートでもご近所を気にしなくてもいい、「ドタバタしない体の教育」がデンタルモンテッソーリ®です。

家の中でも
無限の自由を経験できます！

3

デンタルモンテッソーリ®はいつから始めるの？

デンタルモンテッソーリ®は、お子さんが誕生したらすぐに始められます。

たとえば、寝具の選び方。

無重力のお腹から出てきた赤ちゃんにとって、重力は負担です。だから、柔らか過ぎたり重かったりする寝具を避けましょう。

また、衣服選びの提案もします。基本的に指先を隠さない服がいいですが、その子の発達の状況に応じて判断は変わってきます。

それから、赤ちゃんは目から15㎝ぐらいの距離ならボンヤリと見えるので、赤や黒などハッキリした色のモノをそこでゆっくり動かしてみる。

赤ちゃんも少し目が見えると言うと、驚かれる親御さんが多いです。

多世代で住み、近隣との距離が近かった昔なら、経験者の知恵で子育てが助けられていました。でも、核家族化した現代では、そもそも我が子の体の発達状況がわかりません。誰も教えてくれませんから。

デンタルモンテッソーリ®では、お子さんの誕生からすぐに親御さんをサポートできる体制を整えています。

誕生からずっと
心身の成長を見守ります。

4

デンタルモンテッソーリ®すべての道は脳育へとつながる

デンタルモンテッソーリ®の「体への刺激」や「体を動かすこと」は、すべて脳を育てることと、すなわち「脳育」へとつながっています。

体に触れられたり体を動かしたりすると、五感を刺激しますよね。

すると脳のシナプスが増えて、それだけ情報をたくさん伝えられるし受け取ることもできるようになるわけです。コミュニケーションがしっかり取れるようになります。

つまり脳が育つ。本当に頭がいいというのはそういうことだと思いませんか。

勉強して知識を増やすことよりも、脳のシナプスを発達させて情報の伝達をスムーズにすることで、人間社会でいかに生きていくかがわかるほうが大切。

どんなに勉強ができても、人間社会でコミュニケーションが取れなければ意味がありません。

発育発達に飛び級はありません。デンタルモンテッソーリ®で月齢や年齢に応じて体を動かせば、それが必ず脳育につながることを知っていただきたいです。

五感を刺激し、
脳を育てます。

5

デンタルモンテッソーリ®
なぜ口育が大切なの？

デンタルモンテッソーリ®は、まず「口育」から始めます。

五感の中でも土台となるのは触覚なのですが、触覚は口で育まれるからです。赤ちゃんが何でも口に入れたがるのは、口を通して触覚を発達させていくからなのです。

また、口への適切な刺激は、全身機能を健全に育てていきます。

あまり知られていませんが、口という感覚受容器が全身の感覚や機能に密接に関わっているのです。

だから、モノをくわえたり指しゃぶりをしたり、赤ちゃん自身が口まわりの器官を刺激していたら、危険がない限りはやめさせてはいけません。

発育発達に必要であることを理解して、見守りましょう。

そして、歯茎のマッサージなどで直接触れ合いながら、親御さんからも刺激を与えてみてください。

デンタルモンテッソーリ®の「口育」は、このように見守ることと、与えることの2つで成り立っています。

お口を育てることは
発達発育に欠かせません。

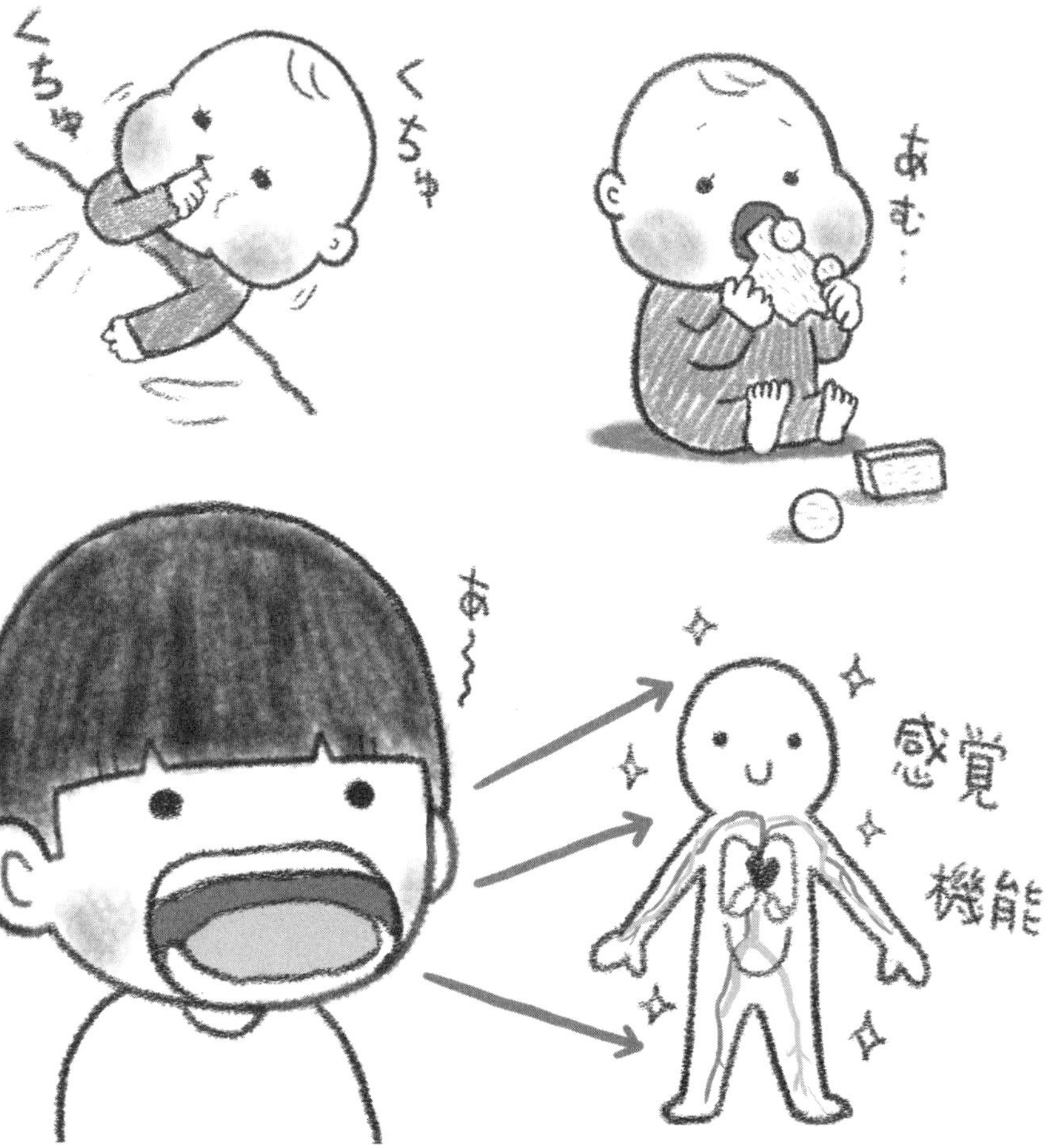

6

デンタルモンテッソーリ®
なぜ足育が大切なの？

近年、転びやすいお子さんが増えています。それは、体の段階的な発達を待たずに、早く立たせよう、早く歩かせようとする親御さんたちが多いからです。

赤ちゃんを立たせるように脇の下で支えて床に足を付けさせると、反射で少し歩くような動きを見せます。それがかわいくて嬉しくて、つい気が急いてしまうのかもしれませんね。

でも、発達には段階があるのです。できないことを無理にやらせても、結局は将来的に転びやすくなってしまったら本末転倒です。

また、まわりの子どもと比較して「うちの子はまだ立てないんです」「歩けないんです」と悩む方も多いですが、立たないのも歩かないのも、その子なりの理由があるから。

たとえば、まだ背骨がしっかり育っていなくて筋肉もついていない。そういう理由があるのに、他の子に遅れないようになんとか立たせたい、歩かせたい、というのは子どものためになりません。

親の思い込みで焦らず、その子の発育状況を理解しながら十分な発達を待つ。

それがデンタルモンテッソーリ®の足育です。

子どもの発達は
一人ひとり違います。

ゆっくり
見守りましょう。

7

デンタルモンテッソーリ®なぜ手育が大切なの？

最近の子どもたちは、手先も不器用であることが多いです。それはおそらく、手や指にも発達段階があることを親御さんたちが知らず、手を育てるという意識を持っていないからだと思います。

器用な手で道具を使いこなせる。だからこそ私たち人間は、高等動物なのです。そう考えれば、子どもたちを不器用なままにさせておくのはかわいそうです。

デンタルモンテッソーリ®では、いろいろな道具やおもちゃを使って、遊びながら手指の発達を促します。

何でも子ども自身に触らせてみる、使わせてみる。そうすることで、器用になっていくのです。

逆に、自分で何もさせないことが、不器用な子どもを育てることにつながります。

みなさんは、お子さんにどのように育ってほしいですか？

お箸さえ持てればいいですか？　それとも、いろいろな道具を自由自在に使いこなせるようになってほしいですか？

お子さんの幸せのために、どちらがいいかわかりますよね。

たっぷり遊んで道具を
自由自在に使いこなせる子に。

8

デンタルモンテッソーリ®
なぜ目育が大切なの？

視力は6～8歳まで成長しますが、目の機能はあっというまに成長を終えてしまうのをご存じですか？

実は、目の機能の成長のピークは1歳半。でも、乳児の頃は親御さんに抱っこされていることが多く、なかなか広い視野で目の機能を育てることができません。

すると、小学生になってからいろいろな弊害があることに気付きます。

たとえば、黒板に大きく書かれた文字を、ノートに小さな文字で書き写すことができない。大縄跳びをやる時に、いつ縄に入っていけばいいのかがわからない。人混みでよくぶつかる……。

つまり、空間認知能力が低いのです。空間認知能力が低いと、スポーツも苦手になってしまいますし、学力にも大きく関わるのです。

何より、事故などが増えることも困ります。

行動範囲が少ない赤ちゃんは、親御さんが意識しないと広い視野で眼球を動かす機会が持てません。

だからこそ、デンタルモンテッソーリ®の目育でその部分をサポートしていきます。

小さなうちから
視野を広げてあげたいですね！

9

デンタルモンテッソーリ®言葉かけってどうするの？

お子さんをどんな子に育てたいですか？

親御さんの言葉かけによって、お子さんを導いていくことはできます。

これからよりグローバルな社会になっていく中で、コミュニケーションの重要性はもっと増していくと思います。

やはり、どんな人と関係を築くうえでも、相手を思いやりながらも自分自身をしっかりと表現できることが大切になります。

そして、思考力もとても重要です。最近、すぐに傷ついて「自分なんて」と引きこもってしまう子どもが多いですが、自分で考える力を持っていれば、ストレス耐性もついて短絡的に自信をなくすことも減っていきます。

小学1年生までに獲得した言語が、大人になってからも恒常的に使う言葉になっていくといいます。

だから、親の言葉かけで語彙を豊かにしたりコミュニケーション量を増やしたりして、自分を表現できる思考力の高い子に導いていきましょう。

デンタルモンテッソーリ®では、そのサポートをします。

言葉かけひとつで
子どもは変わります！

寄りそうことが
とっても大事。

10

成長に合わせたデンタルモンテッソーリ®

デンタルモンテッソーリ®は、お子さんが誕生した瞬間から始められるメソッド。

でも、そこから始められなくても、いつからでもキャッチアップできます。まず、始める時点の月齢・年齢でやるべきことをお伝えし、必要があればリカバーのサポートもします。「もう遅い」と思わないでください！

何より大切なのは、月齢・年齢にとらわれず、お子さん自身を見てあげること。

誰もが月齢・年齢通りに成長するわけではないということを理解したうえで、ではどこがなぜ成長していないのかを冷静に考えるべきなのです。

生まれた時の健康状態や遺伝、その子の個性などが原因なら、ゆっくり待てばいい。

一方で、お子さん自身の力で成長すべきところ、つい親御さんが面倒を見過ぎてしまって成長を阻害していた可能性もあります。

見守って待つべきところと、これまでの接し方をふり返るところ、それを両輪で動かしながら子育てしていきましょう。

子育てに
遅いはありません！

焦らずに
ゆっくり子どもの
ペースで。

11

デンタルモンテッソーリ®の約束ごと❶環境整備

デンタルモンテッソーリ®は、生活の中で実践していくメソッドです。そのためには、日常の環境が整っていることがとても大切になってきます。

たとえば、常にテレビなどが点いていてうるさいと集中しにくいので、できるだけ静かにする。

小さな子は体温調節が苦手なので、直射日光に当たらないように気を配ったり、しっかり水分を摂っているかをチェックしたりする。

道具を使う場合には、その子の成長に合った道具を与えられているのかどうか。

家具の配置なども、案外重要なのでよく考えるべきです。

子育て環境を整えるのは当然のことですが、さらにデンタルモンテッソーリ®のメソッドを活用するなら、どうしたら子どもが集中しやすいのか、自ら行動する子になるのか、といったことを考えながら環境を整えていきましょう。

あくまでも、子どもにとっての良い環境を求めていきます。

空間を整えるだけで
子どもは変わります。

12

デンタルモンテッソーリ®の約束ごと ❷観察

デンタルモンテッソーリ®は、お子さん自身の成長する力を大事にするメソッドです。だから、親御さんがあれこれ手を出すものではありません。

しかし、手を出す代わりに、ぜひやっていただきたいことがあります。

それは、お子さんの様子をよく観察することです。

今、子どもは集中しているのか。それともやりたいことがあるのに思い通りにできなくて、イライラしているのか。

集中している子には話しかけないほうがいいですが、もしイライラしているようなら声をかけて落ち着かせたほうがいい場合もあります。

他にも、危険にさらされていないか、体調はどうなのか、など、常に子どもの状況をよく観察して、それに合わせた対応をするべきなのです。

いくらお子さん自身の成長力を大事にするといっても、放置するわけではありません！

きちんと状況を把握するには、よく観察することが必要です。

じっと観察に徹することが大切。

13

デンタルモンテッソーリ®の約束ごと ❸見守り

お子さんを放置せず、観察することが大切だということはわかりました。

そのうえで、見守りをしていきましょう。「観察」でお伝えしたことと少し重なるのですが、やはりまずは「放置」とは違うのだということを意識してみてください。

そして、見守りつつ自由にさせるのはいいのですが、その自由の度が過ぎるといけません。

以前、2歳の子を夜の8時まで自由に行動させて、ずっと後ろからついて歩いて見守ったというお母さんがいました。

見守りは、月齢・年齢なりの生活のリズムや、危険や困りごとを避ける配慮といった枠の中で行うもの。

際限なく自由にさせるのではなく、枠を設けた中で自由にさせ、いつでも手を貸せるようにお子さんの様子をよく見ていることが大切なのです。

自分は見守られていると安心すれば、子どもは伸び伸びと行動できるようになります。

適切な声かけを
心がけましょう。

子どもに安心感を
与えることが大切。

専門家のお話

大切なのは、何を食べるかではなく、どんな体なのか

よだなおみ先生
お料理教室なおみ、究極のおうちごはん研究家

私と同じ境遇にある、お子さんをお持ちのお母様から時々ご相談を受けます。

「毎日時間と余裕がない。なるべく手間のかからない食事やおやつを食べさせたい。でも食品添加物が気になる」という、食の安全性に関するお悩みが一番多いのですが、食べものに目を向けている以上、手に入れたい健康は叶えられないと思っています。

なぜなら、「何を食べさせるか？」よりも「どんな体なのか？」が大切だからです。

受け皿である体が整っていれば、少々のものが入ってきても、それを分解し、排泄することができます。

そのために重要となるのが、「口」。

口を閉じてよく噛むだけで、唾液に含まれる消化酵素の力によって口の中で消化活動が始まり、胃腸の負担も軽くなる。

栄養の吸収もスムーズに行われます。

食べたものを十分に噛み砕ける口になっているのか？　ドライマウスになっていないか？　歯並びや噛み合わせは？　など、丈夫な体づくりの第一歩が「口」なのです。

よだなおみ先生の
情報はこちら ▶

専門家のお話

栄養の知識で変わる時間のクオリティ

和久晋三先生
和久医院 院長

あなたは、栄養についてどのくらい重要であるか、お考えになったことはあるでしょうか？　例えば「鉄」一つにしても実は知能にも関わってくるということを知れば、考え方も少し変わってくるかもしれません。

鉄の役割で一番重要なのは「酸素」を運ぶことです。鉄が少ない貧血状態だと脳や身体は十分な酸素がもらえません。そうすると頭痛、落ち着きのなさ、集中力低下、精神発達の遅れ、記憶力低下が認められたりします。異食症と言ってバリバリ氷を食べる人もいます。しかし十分な鉄があれば、脳にも十分な酸素が行き渡り、これらの症状は改善され、IQも10％ほど違ってくることは古くから知られています。

またフェリチン（貯蔵鉄）は妊娠中に胎児に60〜70ng/ml移行します。

不妊治療専門の医師によれば、不妊外来に来る患者さんの86％がフェリチン50ng/ml以下だそうです。運よく妊娠しても10カ月の間、貧血で十分な酸素がもらえない胎児の脳や身体の発育はどうでしょうか？　欧米先進国では、妊娠可能女性にフェリチン50ng/ml以上にしてから妊娠するように推奨しています。

ビタミンB群やタンパク質についても不足すると、脳内ホルモンの分泌にも影響し、イライラ、集中力低下、不安、睡眠障害、うつ状態などを引き起こします。しかしこれらを補充するとよく眠れるようになり、精神状態も安定し不登校も治ったりします。

ちょっとした知識ですが、知っていると辛い時間が減り、時間のクオリティも上がり、楽になります。

▲ 和久医院 HP

はじまりの口育

CHAPTER 2

人間の体の機能の発達は、
お口から始まる!?　驚きではないですか？
そして、呼吸も大切。
口ではなく、鼻で呼吸をすることが健やかな
成長に不可欠です。
そこで、「口の役割」と「呼吸」について
お伝えしたいことを、
「口育」としてまとめています。

お口は命の入り口

お口で外の世界を認識する!!

赤ちゃんがなんでもお口に入れるのはなぜ?

赤ちゃんは、とても未熟な状態で生まれてきますよね。

少しずつ体の機能を獲得して、人間として不自由なく生きていけるようになる。そこに至るまでの過程が、成長なのです。

生まれて間もない赤ちゃんにとって、この世は未知で溢れています。それを、自分の未熟な体で確認しながら少しずつ知って、馴染んでいく。

この、「未熟な体で確認」する方法が、お口に入れることなのです！

これは何だろう？

まだ目があまり見えない赤ちゃんは、未知のモノに出合った時にはそれを口に入れて、くちびるや舌で触れて認知します。

もし自分が目が見えなかったら、「これは何？」と思った時には、手で全体を触れてみて、形や大きさ、手触りなどで情報を拾おうとしますよね。

赤ちゃんは、手の触覚もまだ十分に育っていませんから、その代わりに口を使います。

五感をキャッチする感覚受容器の中で、土台となるのは触覚の受容器である口なのです。だからお口になんでも入れながら、赤ちゃんは外界を知っていくことになります。

必要なことをやっているだけなので、赤ちゃんがすぐにモノを舐めても、指をしゃぶっても、どうぞ嫌がらないでください。むしろ、お口に何も入れないようなら心配です。

もし、お子さんがあまりお口にモノを入れなかったり、指しゃぶりもしなかったりするようなら、少し親御さんのほうから働きかけてみましょう。

働きかけの方法としては、お子さんの親指を親御さんが吸ってあげる。親指に圧をかけることを教えるのです。

また、赤ちゃんの親指を口元に持っていって、しゃぶらせるようにしてみることも効果的です。

お口でいろいろなものを認知することで、脳の運動野や感覚野が発達します。お口にモノを入れるのには理由があるので、危険がないように気を配りながら、止めさせずに見守りましょう。

お口からすべてが始まる

まず、とても興味深いのは、前述したように口が感覚を育てる土台になっていること。口は、まだまだ未熟な赤ちゃんの体の機能の中で、はじめにその機能を発揮することのできる感覚受容器です。だから、お母さまのお腹の中から外界に出てきた赤ちゃんは、最初にお口を使ってモノを認知し、感覚を育てていきます。

体の機能という、生物としての基本の部分がお口から始まるということは、それだけ感覚受容器としてのお口を刺激することの重要性を意味しています。

その重要性を裏付けるように、大脳の感覚野（体からの触覚情報を受け取る部分）と運動野（体を動かすための指令を出す部分）は、舌やくちびるといったお口の部位の機能と結びついている割合がとても大きいことがわかっています。

ペンフィールドの地図

カナダの脳外科医ペンフィールドが、体のさまざまな部位の
機能が大脳のどこに対応しているかを示した図

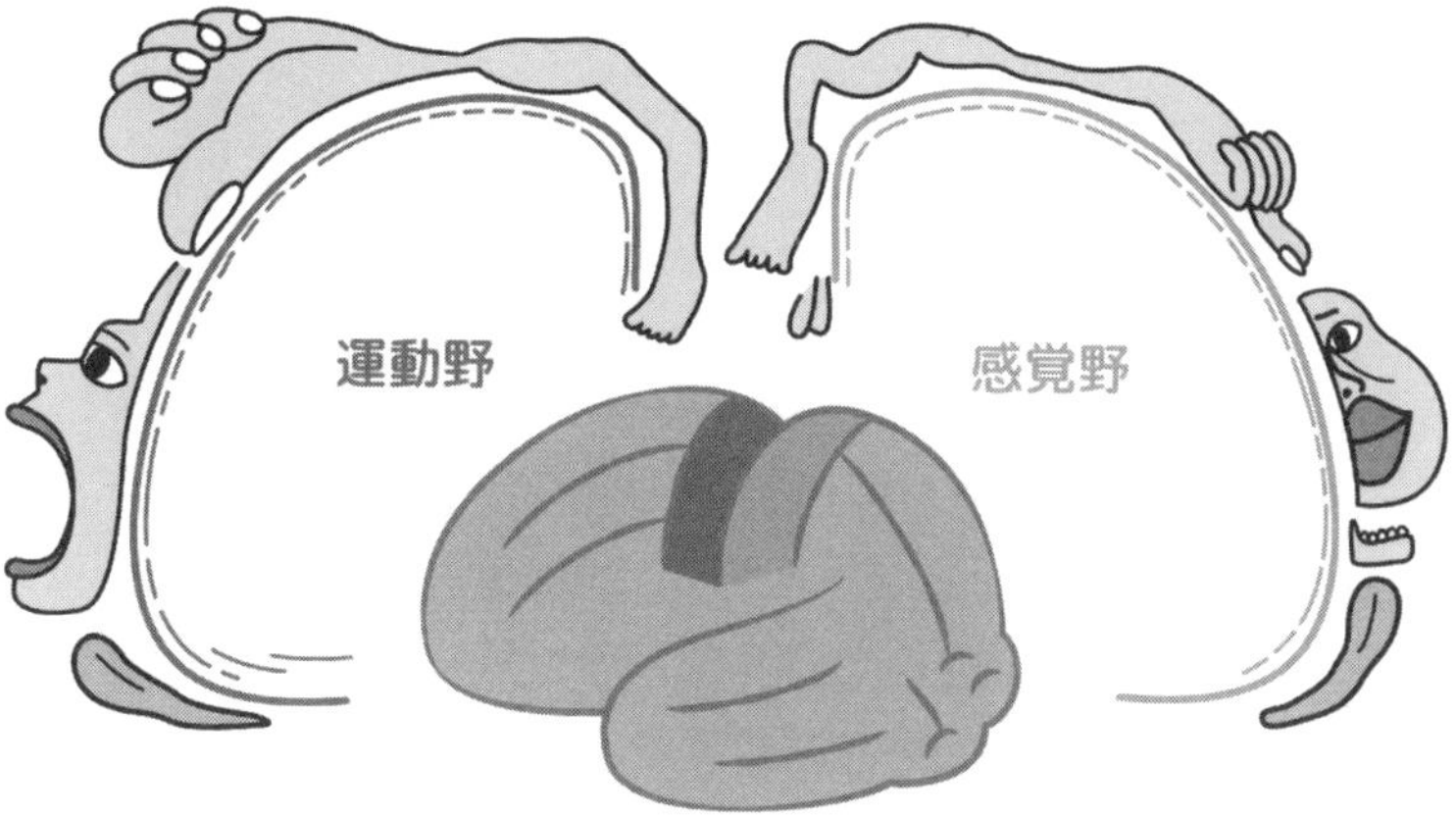

それをひと目でわかりやすく示しているのが、『ペンフィールドの地図』と言われる絵です。難しい説明は抜きにしても、脳が口と結びついている比率の高さがわかって、お口への刺激をおろそかにすると、脳のために良くないというイメージは湧きます。

他に、生命活動のために必要な「食べること」も口があるからこそできますし、コミュニケーションも口から言葉を発することで成立しますよね。

食事もコミュニケーションも、人が人として生きていくための重要なポイント。感覚も含めて、まさに「お口からすべてが始まる」ことになるのです。

実は、胎児の時は手が3本あるという衝撃の事実をご存じでしょうか。3本目の手はいった

い何になるのかわかっていなかったのですが、近年、これは舌になったのではないかと言われています。お口の中にある舌は、人間にとって手と同じくらい大切な役割を果たすものなので、この説を聞いた時には「やはり」と思いました。

カメレオンは、まさに舌を手と同様に使いこなしていますよね。カメレオンほどではなくても、人間だってもし舌がなければ食べ物を歯の上に乗せられませんし、しゃべることもできません。それほど、舌はなくてはならないものなのです。

また、お口の中には食べ物の味を感じる「味蕾《みらい》」という器官がたくさんあるのですが、その数も子どもの頃が一番多く、舌だけでなく上あごなどいろいろな場所にあるということがわかっています。

成長するにつれて、味蕾の数は減って舌だけに集約されていきます。赤ちゃんの時ほどお口の中の感覚が大事なので、最大限に感覚を受け取れるように味蕾の数は多く、舌に限らずいろいろなところに点在しているのですね。

口の役割

ここまでお伝えしてきたように、口は、感覚を育てるためにとても重要な役割を果たしています。

また、それだけでなく「食べる」ということに着目しても、口がなければできないこと

味蕾

花のつぼみのような形をした小さな感覚器官で、
甘味・苦味・塩味・酸味などの味を感じ取る

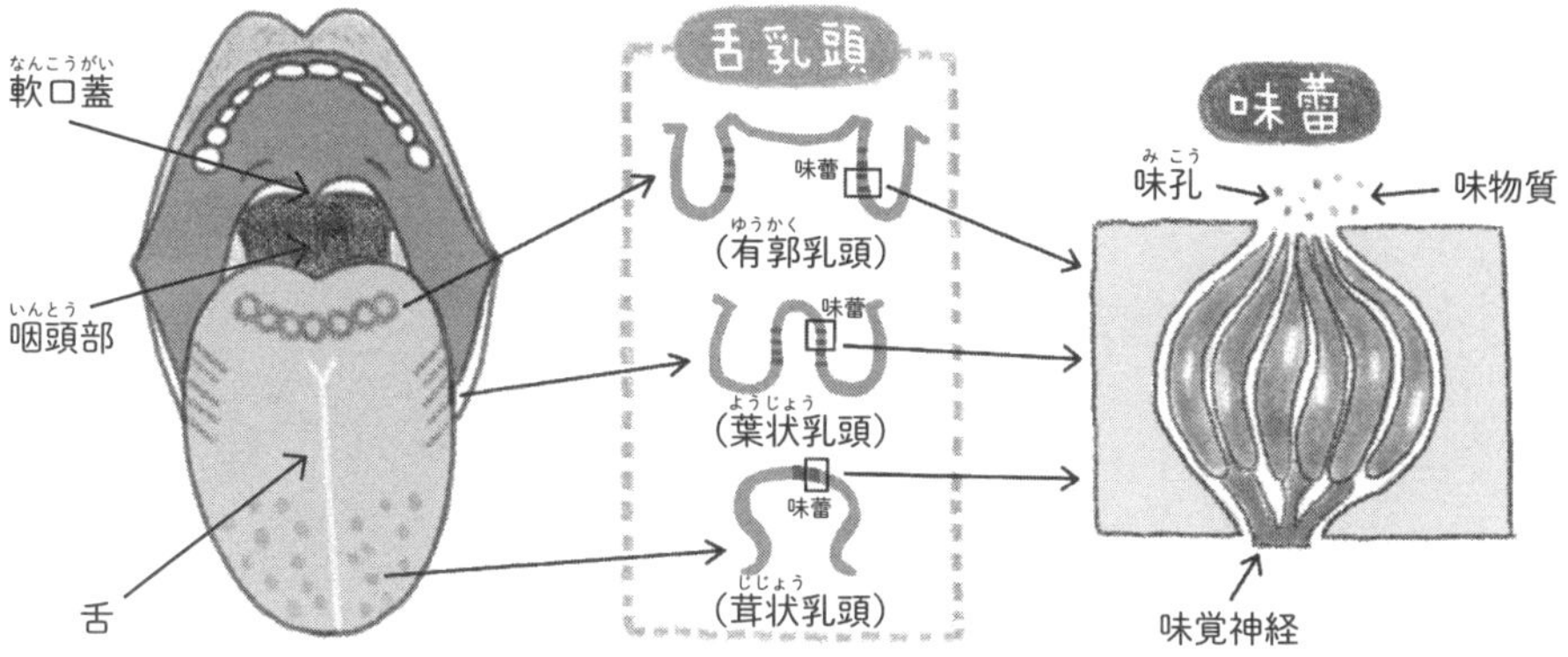

です。

　赤ちゃんは、たとえ目がよく見えなくても、またお腹がすいていなくても、口元に何かあると感じると食らいつきます。それはまさに、生命を維持するための本能なのです。

　それから、コミュニケーションのために必要な器官でもあります。

　泣き声やボディサインだけでなく、言語を操ることでコミュニケーションを取るのは、高等動物としての人間の大きな特徴でもあります。そして、その言語は口から生まれたものです。「感覚」と「食べること」と「コミュニケーション」の3つ。これらの「人間が人間であるために欠かせないポイント」において、口は大きな役割を果たしています。

　しかも、どうしても鼻呼吸ができない緊急時でも、口から息をすることができますよね。命をつなげるのです！

口は、「命の入り口」とも言えると思います。

歯の反射区

反射区といえば、足や手というイメージがありますが、実は歯にも反射区があるのをご存じですか？

足などと同じように、内臓や目、脳などとつながっている箇所を刺激して、ケアを行います。

清潔にした手指を使って、歯肉を優しくマッサージします。歯肉マッサージは血行も良くしてくれるので、健康な歯茎を取り戻すこともできるのでおすすめです。

デンタルリフレクソロジーという名前で、反射区を利用したケアを行う歯科クリニックもあり、上野歯科も行っています。

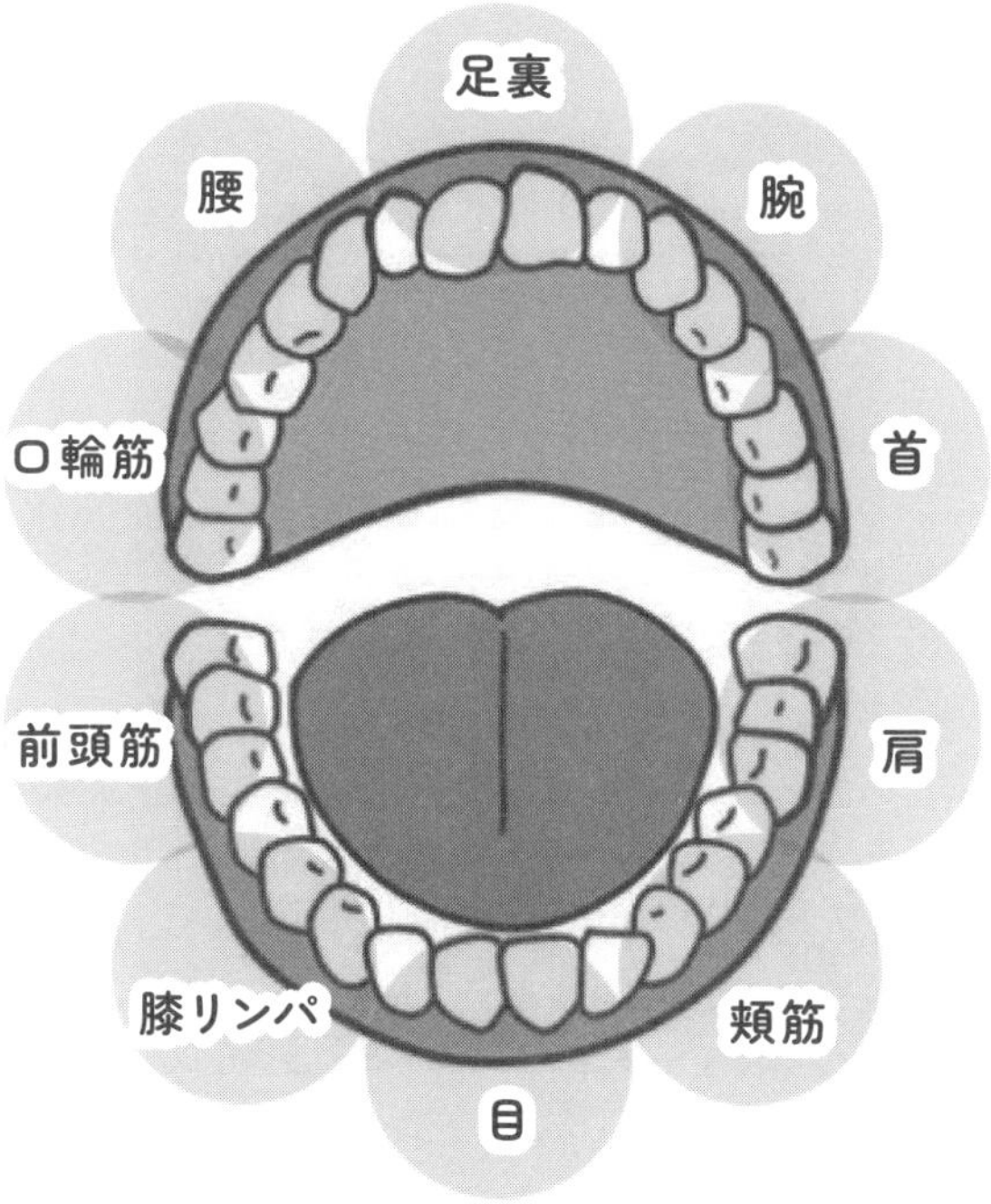

お口の教育

口育は、デンタルモンテッソーリ®教育の根幹を支える教育のひとつですが、この図だけでは書ききれないほど、口育を起点とした教育はたくさんあります。口育が人間教育にとっていかに大切か、理解していただけると思います。

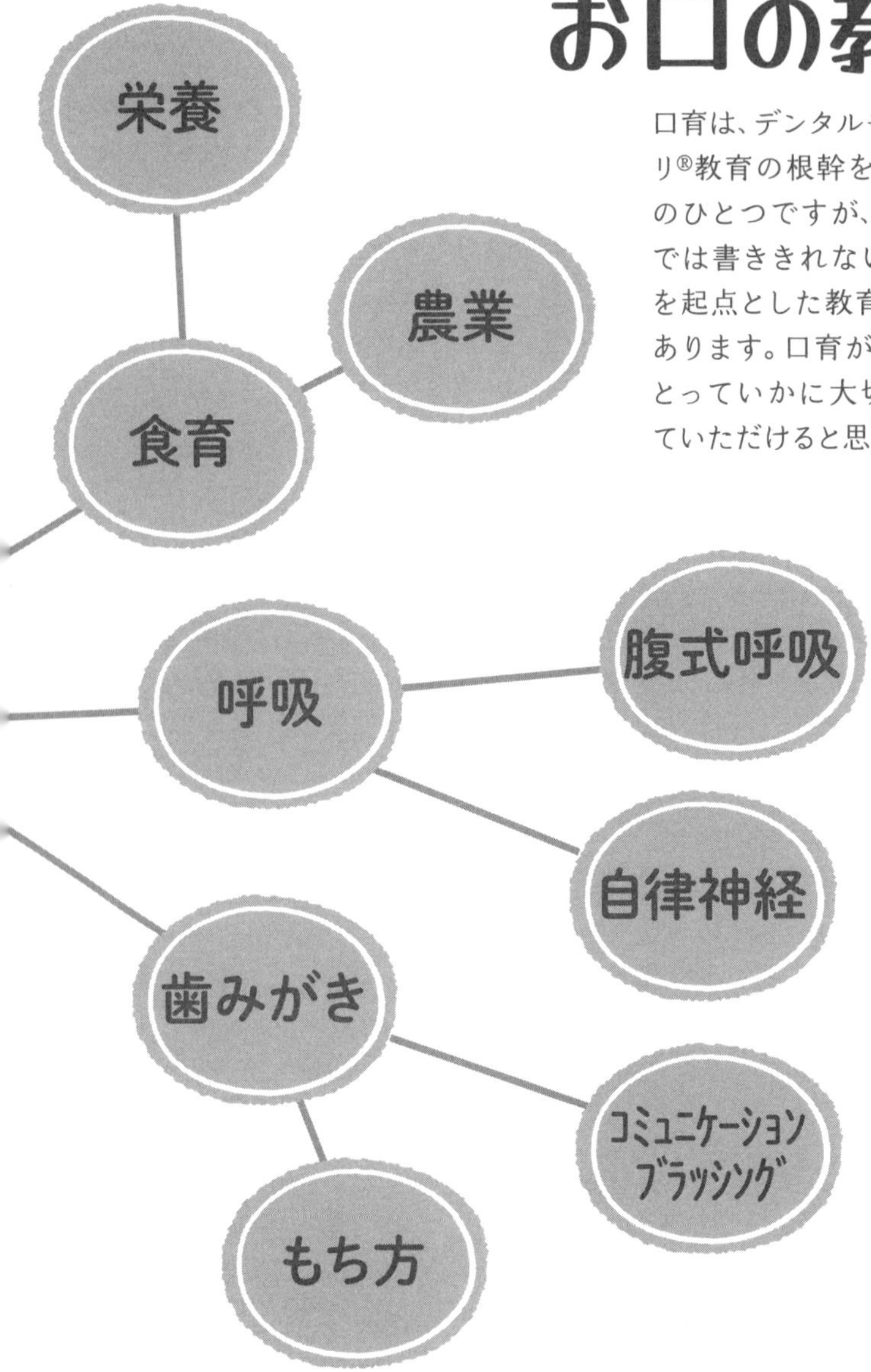

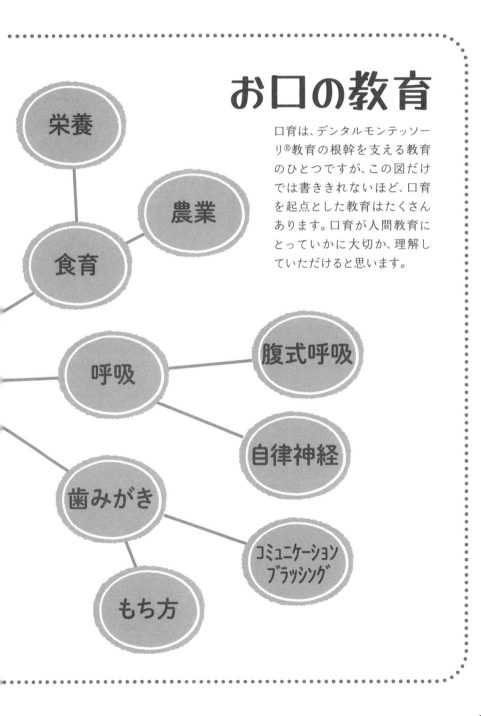

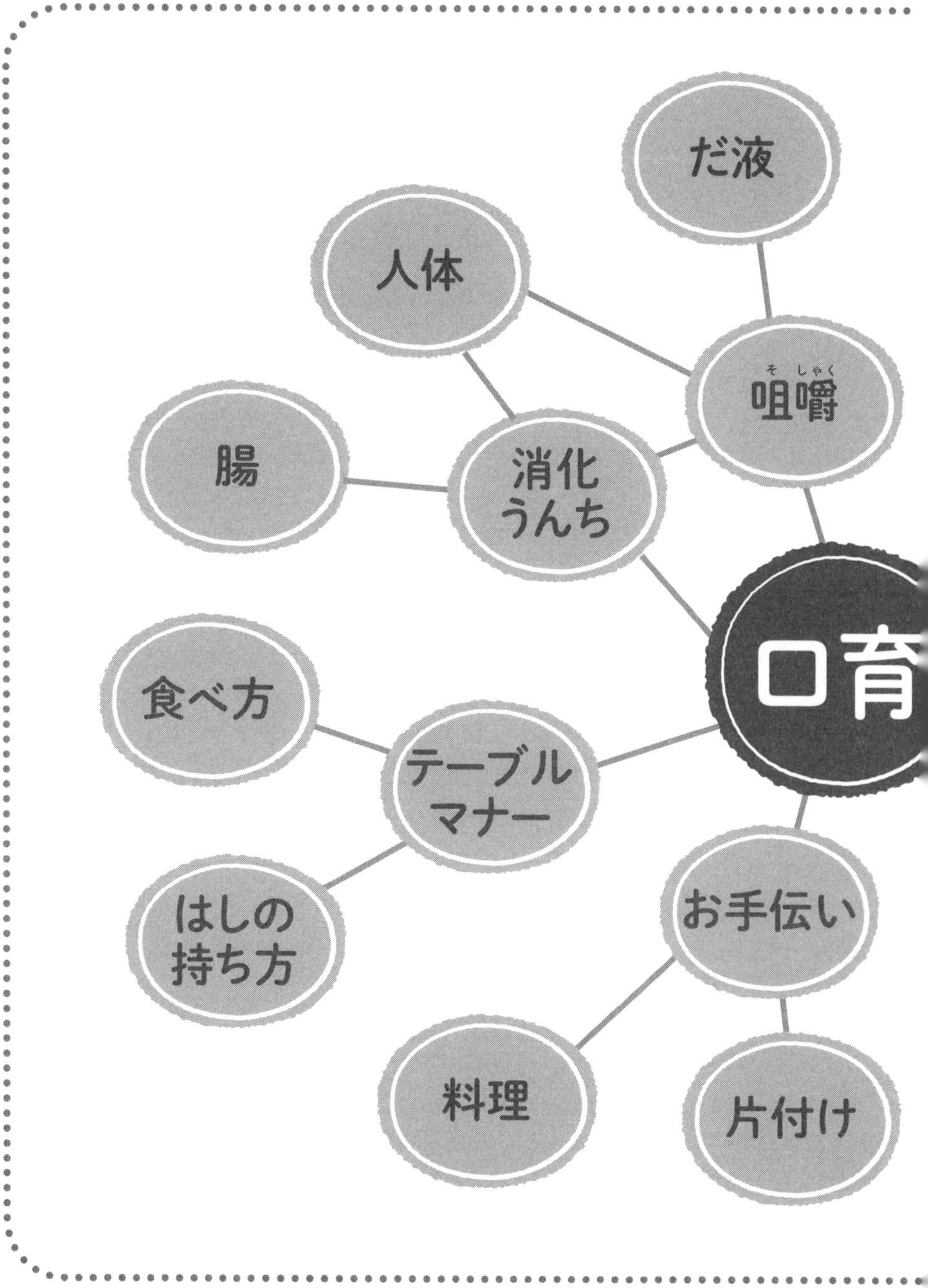
だ液
人体
咀嚼《そしゃく》
腸
消化
うんち
口育
食べ方
テーブル
マナー
はしの
持ち方
お手伝い
料理
片付け

歯みがきをしましょう

歯ブラシの持たせ方

小さな赤ちゃんに、棒タイプの歯ブラシをいきなり持たせるケースがとても多いですが、これは避けたいもの。のどの奥に突き刺してしまうヒヤリハットの事例がたくさん報告されているのです。

まずそれを念頭に置いていただきながら、お子さんの歯ブラシの持たせ方をお伝えしていきます。

3、4カ月から輪っかタイプの歯ブラシを持たせる

赤ちゃんは、手のひらにモノが触れると反射的にグッと握る動作（掌握反射）をします。これを利用して、まずは輪っかタイプの歯ブラシをグーの握り方で持たせます。

危険性がなくなったら棒タイプの歯ブラシ

のどの奥に突き刺してしまう危険性がなくなったら、棒タイプの歯ブラシを持たせてもいいです。

握り方は、グーでＯＫ。小学校高学年になれば、ペン持ちができるようになりますが、できないうちから無理にペン持ちにさせることなく、成長に応じた握り方で結構です。

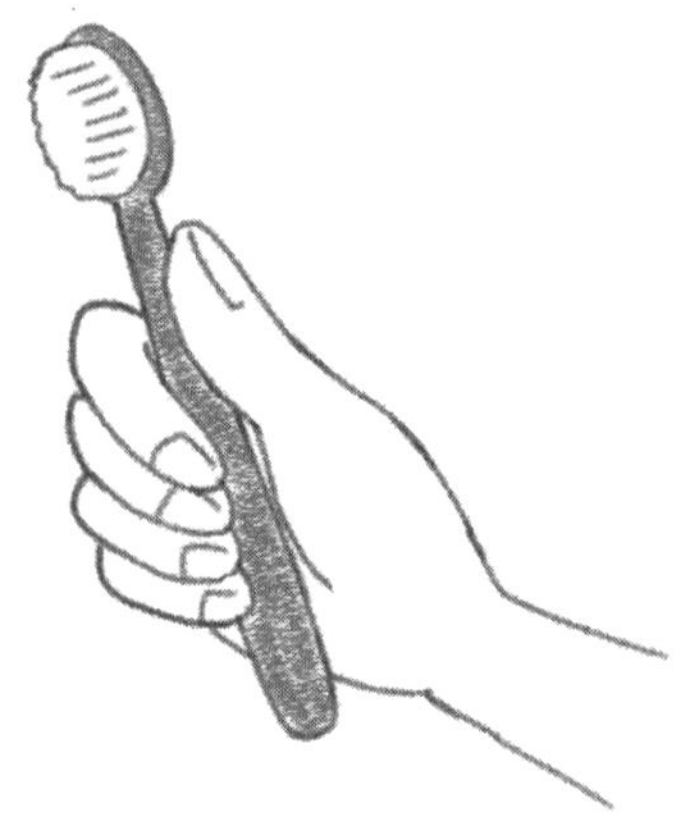

歯みがきの仕方

新生児から歯茎のマッサージ

生まれてすぐに、まだ歯が生えていなくても、お母さんやお父さんの指で歯茎を優しくマッサージしてあげましょう。

歯茎部分もブラシでマッサージ

赤ちゃんの歯は、下の前歯から生えてきます。

それまで歯茎全体のマッサージをしていたのに、歯が生えてくると歯のところだけをブラシで磨いておしまい！　という歯みがきになってしまいがち。

歯が生えていない歯茎の部分も、優しくブラシでマッサージするようにしましょう。

仕上げみがきは絶対！

お子さんがだんだん成長してきて、自分で歯みがきをするようになっても、必ず仕上げみがきをしてください。

「いつまでですか?」とよく質問を受けますが、いつまでもやっていただきたいくらいです。少なくとも、義務教育の間、つまり中学生まではやりましょう。

本人では見えない、気付かない汚れを見つけるだけでなく、親子の間でコミュニケーションを取る意味でも仕上げみがきは大切です。

なお、赤ちゃんに仕上げみがきをする前に、お遊びの中で逆さまになったお母さん（お父さん）の顔に慣れさせておきましょう。

仕上げみがきをする時には、赤ちゃんの頭を膝に乗せて上からのぞき込む形になります。すると、赤ちゃんからはお母さんやお父さんのお顔が逆さまに見えて、慣れていないと怖がってしまうのです。

スムーズな仕上げみがきのために、逆さまの顔をあらかじめ見せておいてください！

仕上げみがきをやってみよう！

歯みがきは、小さなうちからしっかり習慣化しましょう。仕上げみがきも、はじめは嫌がる子もいるかもしれませんが、根気よく、楽しい時間になるようにするのが理想的。

赤ちゃん用の歯ブラシで、横抱きで仕上げみがきをするなどやりやすい方法で。

お膝の上に頭を乗せるやり方がおすすめ。逆さまのお顔に慣れてもらいましょう！

うしろからサポートするように仕上げみがきをするのもいいでしょう

いよいよ自分で！
でも仕上げみがきは中学生までやってくださいね！

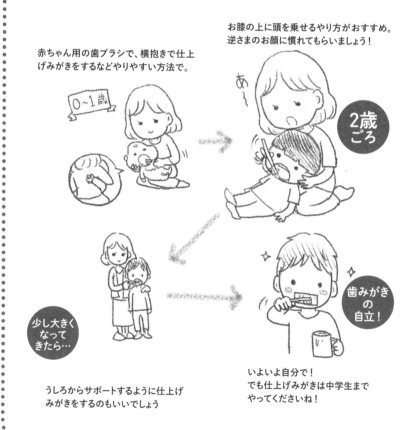

コミュニケーションブラッシング

歯みがきをイヤがる子どもが一定数いるので、私はコミュニケーションブラッシングをおすすめしています。

これは、親子や夫婦間で歯のみがき合いをするものです。

パパとママが楽しそうにみがき合いっこをするのを見ることで、自分も安心してみがけるようになりますし、仕上げみがきにも抵抗感がなくなります。

また、「ママの歯をみがいてくれる?」と頼んで、「ここを丁寧にみがいてね」「ここも忘れないで」と伝えることで、歯みがきの仕方が自然に身につきます。

楽しい コミュニケーション ブラッシング

夫婦仲良しの姿を見せる良さだけでなく、
歯みがきを楽しいものだと
認識させることに大変有効です。
そのうち、子どもにも
参加してもらいましょう。

口呼吸と息育

呼吸が浅い子どもが増えている！

呼吸が浅い子どもたちが増えているのですが、それはなぜでしょうか？

思い切り泣く経験をしていない

子どもが泣く前に抱きあげてあやす親御さんたちが多いので、そのために子どもたちは思いっきり泣く経験をしないまま成長してしまいます。

泣くと胸郭が広がり、酸素を多く取り込めます。つまり、深い呼吸につながるのです。

ところがすぐに抱き上げてあやすと、赤ちゃんは思いっきり泣く前に泣き止んでしまう。泣きはじめのお口は横に広がっていますが、だんだん本格的に泣き始めると縦に開くようになっていきます。

本来ならお口が縦に開き、奥ののどちんこまで見えるようになるまで、泣かせておくことが大事なのです。そうなると、あごがきちんと開いて深い呼吸ができているということになります。

この経験をしておかないと、深い呼吸がどういうことなのか、なかなか理解できなくなってしまうかもしれません。

実は、大人の睡眠時無呼吸症候群でも、「どのくらいのどちんこが見えるか」ということで病気のレベルを判断するほど、お口を縦に開くことは深い呼吸にとって大切です。

口呼吸

口呼吸は鼻呼吸に比べて、呼吸が浅くなります。私は、呼吸が浅い一番の原因は、口呼吸だと思っています。

子どもたちに限りませんが、特に子どもたちは口呼吸をしていることが多いです。鼻詰まりがあったり、歯並びやあごの発達に問題があったり、医療措置が必要になるケースもあります。

ただ、多くは生活習慣から来る姿勢の悪さなど、自分自身で気をつければ克服できるものです。医療措置を必要とするような特別なケースを除いて、口呼吸を意識的に改善していくことでかなり楽になるはず。

近年では、コロナ禍でのマスクが口呼吸を誘発しているとも言われます。私もそう感じているので、ここ数年の「子どもでもマスクを」という風潮にはずっと危機感を持っていました。

感染症のリスクよりも、鼻呼吸を忘れて口呼吸になり、さまざまな弊害を呼び込んでしまうことのほうが怖い気がします。

やっとマスクから解放された今、子どもたちにはできるだけマスクをさせずに、鼻呼吸ができるようにしたいものです。

上あごのアーチが鼻腔を圧迫

治療をしなくてはならない原因があることもあります。上あごのアーチの曲線がきついケースなどがそれにあたります。

上あごにはもともと、お母さんの乳首が入るように深い溝があるのですが、本来なら舌をしっかり動かすことでその溝はだんだん平らになっていくもの。

ところが、なかなか平らにならずにカーブがきついままの子どももいます。すると上あごのカーブに圧迫されて鼻腔が狭くなり、酸素を十分に取り入れることができなくなってしまうのです。

そういう場合は、歯科矯正が必要になってきます。5、6歳になったら積極的に矯正で上あごのアーチを平らに近づけることをおすすめしています。

そうすることで鼻腔が広がり、酸素をきちんと取り入れられるようになります。

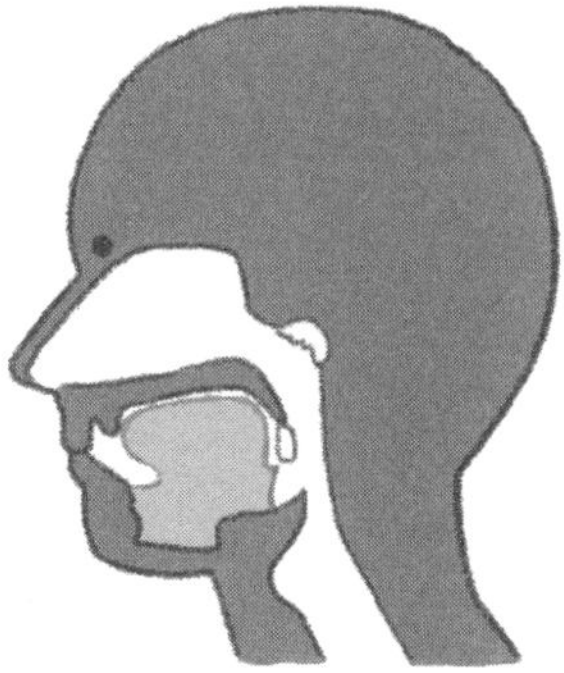

正常な上あご

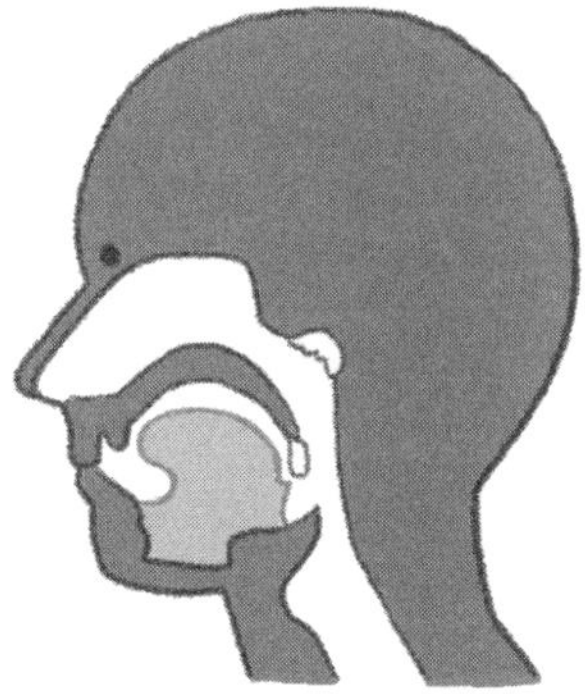

上あごのアーチの曲線がきついケース

呼吸と自律神経の深い関係
子どもの自律神経が病んでいる？

呼吸が自律神経の切り替えのスイッチになっている。それをご存じですか？

息を吸う時は交感神経が優位になり、吐く時には副交感神経が優位になります。

ところが、呼吸の浅い子や、息を吐くのが苦手でお腹に空気が溜まってしまうような子は、この切り替えがうまくいかず、自律神経の乱れを引き起こします。

また、口呼吸も自律神経の乱れを招きます。呼吸が浅くなり、体に取り込む酸素量が減るからです。


自律神経が乱れると、さまざまな弊害があります。

自律神経は健康を維持するための睡眠に深く関わっていますし、何より体中の内臓とつながって影響を与えているので、自律神経の乱れは成長を阻害することになりかねないからです。

実際、呼吸が乱れている子は落ち着きがなくなってきます。自律神経も乱れている証拠です。そんな時には、意識的に深呼吸をさせてみましょう。

息を深く吸うことで酸素をたくさん取り込み、長く息を吐くことで副交感神経を優位にしてリラックスできるようにする。

そうやって、小さい頃からある程度は自律神経をコントロールできるようにしておくといいですね。

口呼吸の弊害

口呼吸ってなにが悪いの？

口呼吸には、いいことがありません！

鼻で呼吸をすることができないという極限状態があった場合、口で呼吸することができるので、命を繋ぐことができる。いいことを絞り出そうとすれば、そのくらいしかありません。

それと比較して、弊害はいっぱいあります。たくさんの弊害の中から、代表的なものをいくつかご紹介します。

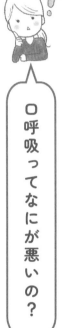

ウイルスや細菌、ホコリなどが直接体内に入ってしまう

鼻呼吸なら、粘膜で覆われた鼻腔がフィルターの役割をしてくれるのですが、口呼吸の場合はフィルターがないので、さまざまな害のある微細な物質を吸い込んでしまいます。

酸素を十分に取り込めない

口呼吸は浅い呼吸になってしまうとお伝えしましたが、それはつまり、酸素を取り込める量が少ないということです。

肺の一部に酸素が入ってくるだけなので、鼻呼吸に比べると効率が悪く、何度も息を吸わなくてはなりません。それだけ、エネルギーも消耗します。

容姿が整わない

口をしっかり閉じて鼻呼吸をすると、舌は上あごにピッタリとくっついています。この状態が上あごを刺激することになり、その刺激によって上あごが正常に発達していくのです。

ところが口呼吸でいつも口が開いていると、舌は上あごにくっつくことがなく、刺激を

送ることができません。すると上あごが育たずに小さくなってしまいます。

上あごは、鼻の骨など他の骨格ともつながっているので、上あごの未発達はお顔の他の部分の骨格にも影響を与えます。さらに、下あごは上あごが育たないとうまく育たないため、下あごも未発達に……。そうするとお顔全体の骨格が正しく成長できなくなって、歪みが生じてしまうわけです。

キレイにあごが成長した、鼻筋の通った美しい顔立ちは、残念ながら口呼吸からはなかなか生まれません。

睡眠の質が悪くなる

口呼吸のせいであごが正常に発達しないと、あごは後ろに下がった状態になります。それは、気道を狭くすることにつながります。

また、あごの未発達はお口のスペースを小さくしてしまうので、舌が口の中に収まりきらず、寝ていると気道のほうに落ちてふさいでしまうこともあるのです。

つまり、寝ている時に息がしにくくなるということ。酸素をうまく取り込めないと、ぐっすり眠ることもできません。

病気のリスクが高まる

口呼吸で口を開けていると、常に口の中が空気にさらされて乾きやすくなります。すると、唾液が分泌されにくくなるのです。

唾液は消化液であるのと同時に、免疫力を高めてくれる強力な抗体の一種です。だから、唾液が分泌されにくいと、免疫力の弱い体になってしまいます。

具体的には、風邪やインフルエンザなどの感染症、がんや脳卒中、肥満、生活習慣病などのリスクが高まります。

また、歯周病や虫歯など、お口の中の健康にも悪影響を及ぼすのです。特に歯周病は脳血管障害や心血管疾患、動脈硬化、糖尿病といった厄介な病気を引き起こすことがあるので、注意したいですね。

口呼吸は歯並び、歯の生育、体の成長にまで影響する

口呼吸をしていると、あごが正常に成長しないということをお伝えしました。

つまり、あごが小さくて、お口の中のスペースも狭くなるということです。すると、その小さなスペースの中に歯がひしめき合って生えてこようとします。

ひしめき合っていると、歯はきれいに並ぶことができませんよね。スペースがないせいで、歯並びが悪くなってしまうのです。

そして、ぎゅうぎゅう狭いところに密集している歯は、健やかに成長していくことができません。

小さいお口の中で、ガタガタの歯並びでうまく育たない歯を想像してみてください。噛み合わせが悪く、食べ物の咀嚼が十分にできなくなってしまいます。それは、健康の面から見ても問題です。

そして、口呼吸による弊害をさまざま列挙しましたが、そうした弊害のせいで健康的な生活を送れなくなってしまうリスクもあるわけです。

成長期に睡眠の質が悪ければ、成長ホルモンが十分に分泌しないかもしれませんし、感染症をはじめとした病気が多ければ、健康的な日常生活に支障が出ます。
そして、そうしたトラブルを抱えることで、メンタルにも影響してしまうことがあります。心身ともに健康でいるためにも、口呼吸ではなく鼻呼吸をすることがとても大切なのです。

口呼吸

鼻呼吸

すでに口呼吸！　どうしたらいい？

口呼吸は良くない。十分に伝わったところで、「どうしよう？　うちの子は口呼吸になってしまっている！」と焦りを感じる親御さんも少なくないのではないでしょうか。

大丈夫です。何事にも手遅れはありません。

口呼吸のお子さんは、私は必ず耳鼻科を受診していただくようにしています。

なぜなら、口呼吸にならざるを得ない疾患を抱えている可能性もあるからです。もし問題があるのなら、耳鼻科での治療が優先。耳鼻科の先生と連携をとって、しっかりと治療を終えてから口呼吸を改善するようにしていきます。

では、特に疾患がない場合や、疾患の治療を終えた場合には、どのように改善していけばいいのでしょうか。口がきちんと閉じていれば、鼻呼吸になりますよね。口を閉じるためには、口まわりの筋肉を鍛えることが必要です。

まだまだ赤ちゃんだから筋トレなんて、と思うかもしれませんが、できることはあります。赤ちゃんの口まわりの筋トレをしていきましょう！

息を吹き込むタイプのおもちゃやお遊びでくちびるの筋肉を鍛える

ラッパのおもちゃをプーッと吹かせたり、縁日などでよく見る吹き戻しのおもちゃを吹かせたりして、息を吹き込むことでくちびるの筋肉を鍛えましょう。

あるいは、ママが口をしっかり閉じたままほっぺたに空気を入れてふくらませてみせます。それを赤ちゃんに真似っこさせ、お互いにほっぺたを触り合って遊ぶのも楽しいです。

道具は使いませんが、吹き込むおもちゃと同様にくちびるの筋肉を鍛えます。

くちびるの筋肉がしっかりつくと、口を閉じられるようになってきます。

うがいなどで口まわりの筋肉を鍛える

少し大きくなってきてうがいができるようになったら、うがいで舌やのど、頬など、くちびる以外の口まわりの筋肉を鍛えていきます。

まずは、お口をゆすぐブクブクうがい。しっかり頬に水を入れてふくらませて、上下、左右、前後に動かす意識をしながらブクブクとうがいをします。

さらに、上を向くガラガラうがいもできたら、やってみてください。のどの奥を意識しながらガラガラするのはもちろん、しばらくお口の中に水を溜めて上を向いたままでいると、筋トレに効果的です。

離乳食で舌の筋肉を鍛える

離乳食の食べさせ方を工夫することで、舌の筋肉を鍛えることができます。

正面から離乳食をお口に入れると、食べ物がお口の奥まで入るので、楽に食べ物を口に入れることができます。すると、舌の筋肉はつきません。

そこで、少し苦労をさせるようにしてみます。

下くちびるに離乳食をちょんと当てて、お口の奥までは入れないようにします。すると、自分で食べ物を口に入れようと、舌を動かして頑張って引き込む動きをせざるを得ません。

そうすることで、舌の運動になって筋肉も鍛えられるのです。

口呼吸を自覚させる

赤ちゃんの時期を過ぎたら、こうした筋トレと並行して、お子さん自身に口呼吸を自覚させることも有効です。

自覚させるには「口呼吸をしているよ」と指摘する必要があるのですが、絶対にお子さんの自尊心を傷つけないように注意しなくてはなりません。

たとえば、まわりに人がいるところで「今、口呼吸になっているよ！」とまわりにも聞こえるように言うと、どんなに小さな子でも自尊心が傷つきます。ですから、まわりには気付かれずにそっと伝えなくてはならないのです。

親子で、何でもいいのでサインを決めておきましょう。

「ママが指でお口をちょんちょんと触ったら、〇〇ちゃんが口呼吸になっているという合図だよ！」

そんなふうに決めておけば、お子さんも安心。小さい子ほど素直なので、サインをキャッチしたらお口を閉じて鼻呼吸することを習慣づけていけます。

あいうべ体操

口呼吸から鼻呼吸にするために有効な体操です。
ぜひお試しください。

1

「あー」と口を大きく開く

2

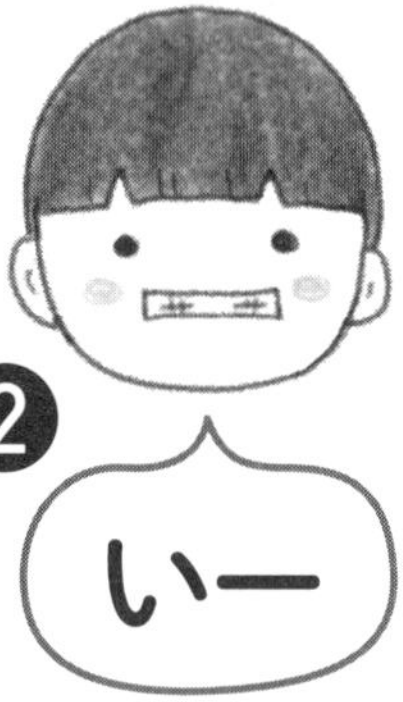

「いー」と口を大きく横に開く

3

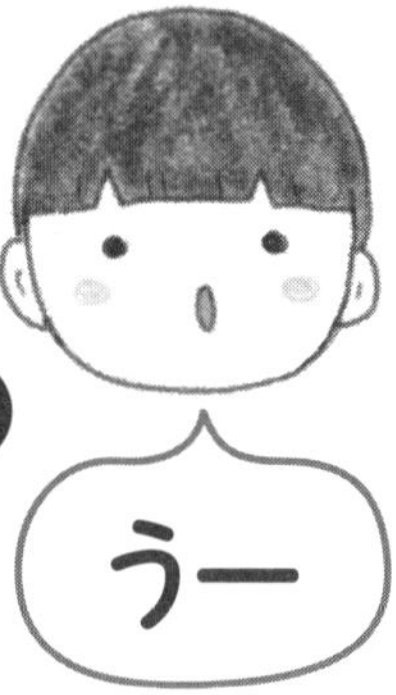

「うー」と口を前に突き出す

4

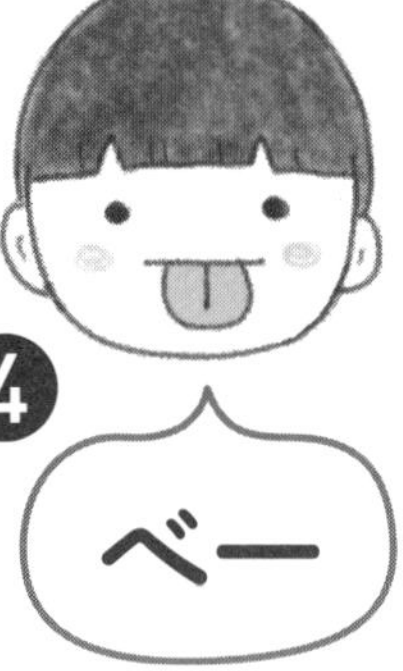

「べー」と舌を突き出し下に伸ばす

ママエッセイ

親子共に心を育ててくれる上野歯科医院

東京都在住　男児ママ

何やら診てくれるのは歯だけではないということに興味を持ち、予約したのは息子がちょうど1歳の頃。

離乳食は初めからやり直し、靴はベルトでしっかり締められるタイプで、靴下は5本指、フッ素は必要ない口の状態、歯科矯正など、清香先生に言われなければ考えもしなかったことばかり。最初は、自分なりに頑張ってきたことはダメだったのかと落ち込みましたが、ひとつずつ実践し続けたことで、着実に変化している姿が見られます。

また、保育園で他の子のおもちゃを欲しがり手にしても、すぐに飽きて落ち着きがないと言われ、病院で注射や器具を怖がりこれでもかというほど暴れては発達障害を疑われ、そんな言葉に押し潰されそうになっていた私にも、「私が診ていて大丈夫だから気にしないで」と言っていただけた時は、涙が出るほど安心し、救われました。

私の心も育ててくださる清香先生は、私の育児のバイブル。

息子も清香先生が大好きで、親子で信頼し頼れる主治医です。

専門家のお話

口腔を育てることは、脳（＝目）を育てること

宮田ちひろ先生
視能訓練士

舌の正しい位置が上顎を育てる。目との共通点を見つけました。

それは、目が収まる眼窩を形成する骨のひとつ。

我が子が産まれたら 赤ちゃん歯科のプロフェッショナル・上野清香さんに絶対診てもらいたい！　と思っていました。

ありがたいことに、我が子を通して、歯が生える前から口腔の育て方を清香さんから学ぶほど、上顎だけでなく、目、視機能（見て、考えて、動く）を育てることにもつながることに気付きました。まさに、目から鱗。

目は脳から派生した臓器、産まれてすぐ見えるようになるわけではありません。「視機能」は発達の中で経験によって獲得していくのです。口腔同様に、視機能は育てないと育たないのです。

視能訓練士として子どもの視機能をどのように育て、高めていくのかを考えた時、デンタルモンテッソーリ®の考え方は不可欠です。

口腔を育てることは脳（＝目）を育てること。産まれてからすぐ実践できることがこの本の中にぎゅっとつまっています。

いつもニコニコ、言語理解や状況把握、表情を読む力、人一倍の集中力、目と手指の器用さ、など「この月齢でこんなことできるの！？」と息子の成長に驚きの連続です。

子育ては楽しい！　そんなママ、パパ、おばあちゃん、おじいちゃんがもっと増えたらいいなと思います。

ZEISS VISION CENTER BY Personal Glasses EYEX' ▶

専門家のお話

これからの人類のために、舌癒着症の理解と治療を

医学博士　山西敏朗先生
耳鼻咽喉科　山西クリニック

１９８０年代に、故向井將医師が提唱された疾患概念です。

正しくは“先天性舌癒着《せんてんせいぜつゆちゃく》、喉頭蓋《こうとうがい》・喉頭偏位症《こうとうへんいしょう》”と言います。

これは舌の先天的な位置異常により、その後方にある呼吸をつかさどる喉頭全体が前上方に引っ張られ曲がった状態となります。呼吸障害が生じるため、症状は多岐にわたります。

乳児では哺乳障害、夜泣き、母親の乳腺炎など、小児では、歯並びや姿勢の悪さ、不登校、自閉や多動性傾向など、成人では生き辛さ、さまざまな不定愁訴などです。

年齢を問わず、いびき、睡眠時無呼吸症が現れ、生命にかかわることもあります。治療は手術療法です。舌の裏側にある頤舌筋《いぜつきん》をレーザーで切ることで、のどの位置が正しくなり、呼吸改善が得られ、さまざまな症状が劇的に良くなります。これからの人類のためには舌癒着症という疾患の理解と治療が不可欠です。

※舌小帯短縮症という疾患概念とは異なります。

山西クリニック HP ▶

日常生活を送る動作・活動の土台となる足育

CHAPTER 3

二足歩行という、
動物としては稀有な動きを手に入れて
進化してきた私たちヒトにとって、
足はとても重要です。
私たちの生活すべての土台は足。
足の発達がいかに大切か、そして足にとどまらず
私たちの生活全体にいかに関わるかを
考えていきます。

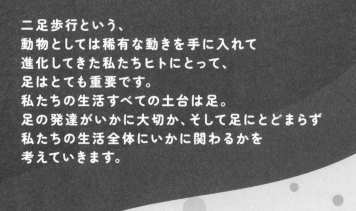

転びやすい子が増えている！

とっても重要!! 土踏まずの存在！

土踏まずは何の役割をしてるの？

今、足のトラブルを抱える子どもたちが増えています。足の指が浮くとか、グーのように指を巻き込んでいるとか、主に足の指に関するいろいろなトラブルがありますが、それらをまとめると「土踏まずがない」という足の状態に行きつきます。

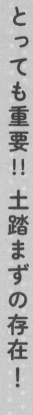

土踏まずは、目立たないけれど人間にとってはとても大事な部分。実は、歩くこと以外にも、人間の活動に深く関わっているのです。

どんなに大事かを理解していただくために、もし土踏まずがなければ、どんなデメリットがあるのかを挙げてみます。

- 歩く時、地面からダイレクトに衝撃を受ける（土踏まずがなければ、脳に直接振動の刺激が伝わるという説もある）
- 立位を保てない
- 足が疲れる
- 膝や腰に負担がかかる

このようなデメリットがあるのなら、土踏まずのない最近の子どもたちよりも、しっかりとした土踏まずのアーチを持つお年寄りのほうが、ずっと体の機能が充実しているかもしれません。

アーチがあるおかげで強度が高まっている太鼓橋のように、人間の足も、アーチがあれ

土踏まずの役割

土踏まずは、着地をした時に
地面から伝わる衝撃を和らげる役割をします。
土踏まずで衝撃を緩和することで、
膝や背骨、脳までもが守られると言われています。

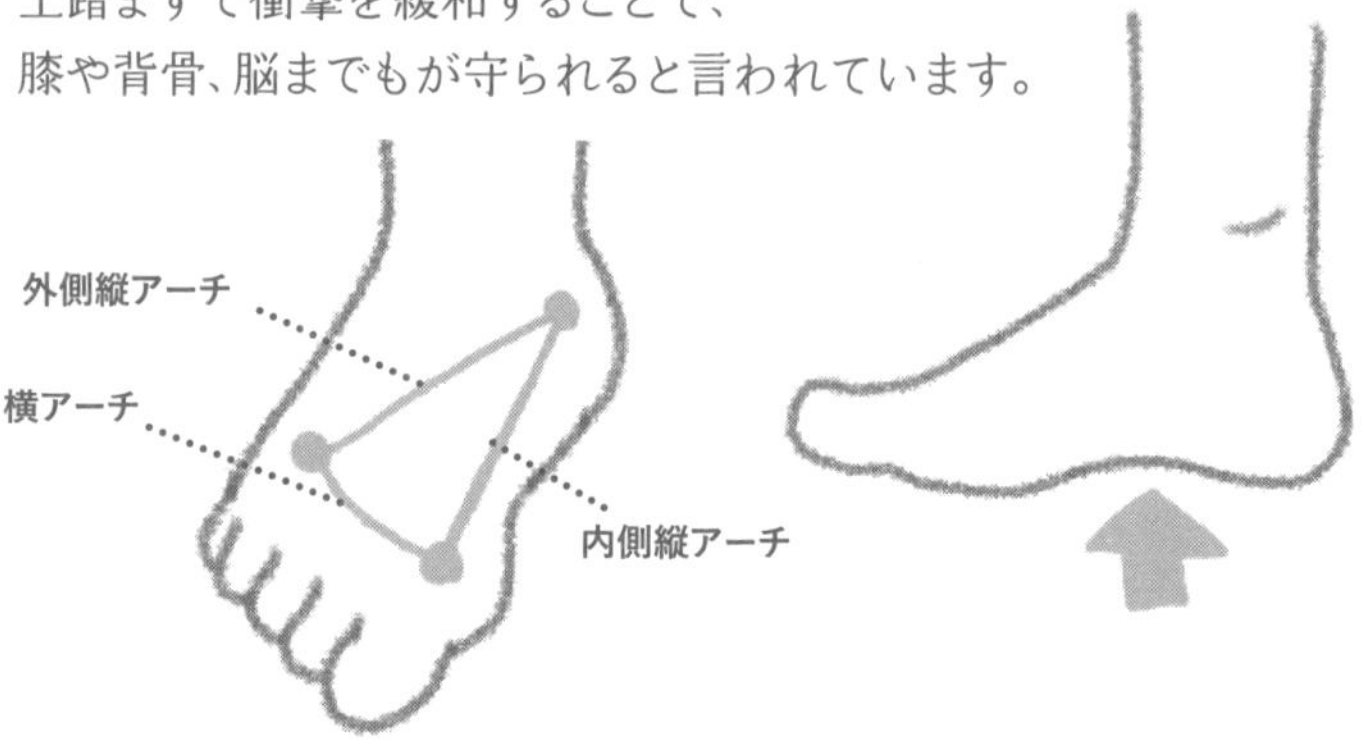

土踏まずを鍛えよう！

土踏まずがなくなってしまうのが「扁平足」です。
土踏まずを鍛えるのは、足指じゃんけんがおすすめ。
お子さんと、楽しみながらやってみてくださいね！

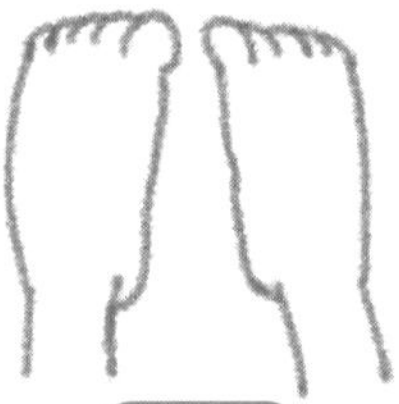

グー

足を思いっきり丸めて
「グー」

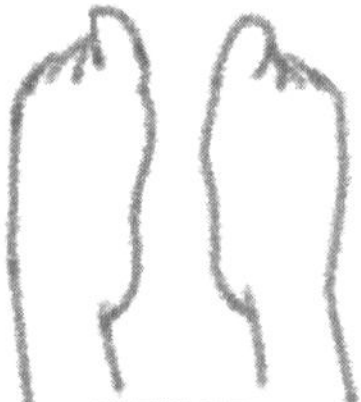

チョキ

親指だけ上に向けて
「チョキ」

パー

5本指を思いっきり広げて
「パー」

ば強度が増して力強く倒れにくい足になるはずなのです。

では、なぜ、今は土踏まずがない子どもが多いのでしょうか。

それは、足の指を使う機会が少ないから。実は、足の指がしっかり使えないと土踏まずは発達しないのです。

そして、足の指が使えない理由は2つあると私は考えています。

①ハイハイなどすっ飛ばして歩かせようとする

発育発達に飛び級はありません。このことを、世の中のすべての親御さんたちは肝に銘じていただきたいです。

それでも、親心としては「早く立って！　早くしゃべって！」と、赤ちゃんの成長を急かしてしまうことがありますよね。

だから、やっとハイハイをし始めるかどうかという時に、もう脇の下に手を入れて体を支え、立たせてしまう。そして、少しでも早く歩かせようとする。

そうやって、本来ならハイハイをするべき時期に、立たせて歩かせてしまうのです。その時は「立った！　歩いた！」と嬉しいかもしれませんが、実は、これは本人にとって大きなマイナスになってしまうのです。

赤ちゃんの時期には、神経系の発達の過程で無意識に体が反応するようになっているのをご存じですか？

たとえば、手のひらに何かを感じたら、反射的にギュッと握りしめる。あるいは、大きな音がしたりバランスを崩したりした時に、まず驚いたように手を広げてから、何かに抱きつくように腕を曲げる。

こうした反応は原始反射と呼ばれて、さまざまな種類があります。成長するに従って消えていくものなのですが、消えるはずだった成長過程をすっ飛ばしてしまうと、残ってしまうのです。

ハイハイをする間には、手足の指をギュッと握るような動きをしたり、親指が反ったりする原始反射の反応が消えていくはずなのですが、その期間がないままに歩かせると、足に問題が残ってしまいます。

すると自由に足の指を動かせなくなるので、土踏まずが形成されないまま大きくなっていきます。

②住宅事情

日本の住宅事情は、良いとは言えません。家の中は狭く、赤ちゃんがふらついたとしたら、すぐに何かにつかまれます。自分の足でグッと踏ん張る必要がないのです。

もちろん、家の中で十分に体を動かすスペースを確保するのも難しいです。体を動かせなければ、足の指はもちろんのこと、体の機能を育てることもままならない。

そして、外遊びをする場所もありませんし、あったとしても大人が忙しくて付き添えないことが多いです。

子どもだけで外遊びをさせるリスクを考えると、最初から遊ばせないという選択になってもやむを得ません。

このような理由で、足の指をしっかり使う経験が奪われてしまって、土踏まずがない子どもたちが増えているのです。

なぜ歯科の専門家が足を扱うの？

多くの子どもたちが足にトラブルを抱える今、その弊害として転ぶ子どももまた増えています。

転ぶと、どこをケガしますか？　普通は、膝小僧や手、腕ですよね。

ところが、よく転ぶ最近の子どもたちは、顔面を地面に打ち付けてしまって、歯が折れたりグラついたりするのです。

それはつまり、転ぶその瞬間に、体を防御しようととっさに手を出すことができないということ。手を出してワンクッションにできれば、顔面を打ち付けることはありません。

今の子どもたちは、それができないからダイレクトに顔から転んでしまう。

上野歯科医院では学校検診もお引き受けしていますし、もともとクリニックには多くの子どもたちがやって来るので、たくさんの子どもたちが顔から転んで口まわりを痛めていることに気付いていました。

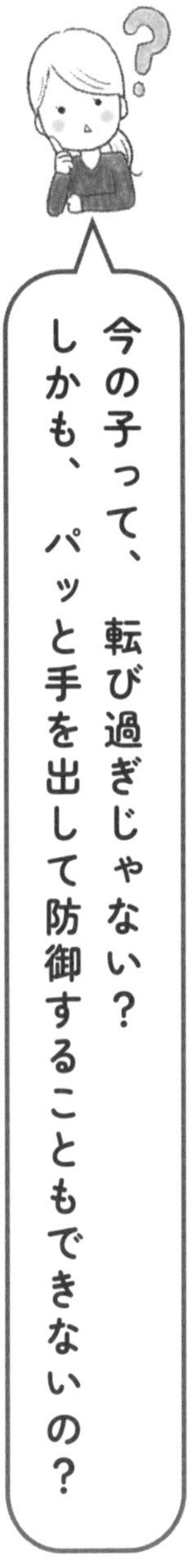
今の子って、転び過ぎじゃない？
しかも、パッと手を出して防御することもできないの？

そう思ったことが、足育に真剣に取り組むようになったきっかけでした。

転んだとしても、手が反射的にパッと出るのなら、まあそれほど大ごとにはならないかもしれません。

実際は手が出ない子どもが多くて、顔面をケガしてしまう。手の成長にも気を配る必要があるということを再認識しました。

もうひとつ、歯科で足育を扱うべきだと感じた理由は、足のトラブルは転びやすくなるだけでなく、歯並びの悪さにもつながるからです。

本来はしっかり大地を踏みしめて、足でバランスを取りながら立ち歩くもの。ところが、足が頼りなければ、あごのあたりでバランスを取ろうとします。すると、あごの位置がズレてくるのです。

それは歯並びの悪さを招きますし、食事の際にしっかりとモノを噛むための圧をかけることもできなくなります。

あごが正しい位置で成長し、きちんと食べ物を噛めるようになるためには、ぜひとも足育が必要なのです。

デンタルモンテッソーリ®の足育

「足育」という言葉は、誰もが知っていて当たり前というほど世の中に浸透しているわけではありませんが、調べてみると保育の現場などではよく認知されています。

ですから、足をしっかり育てることが大事だという考え方は、デンタルモンテッソーリ®独自のものではありません。

ただ、デンタルモンテッソーリ®の足育には大きな特徴があります。それは、足ばかりに着目するのではなく、まずはじめはおへそから上の上半身をしっかりつくることに力を注ぐということです。

上半身に着目している足育は、今のところデンタルモンテッソーリ®の他にはないと思います。

上半身は、一番上の頭からして重いですよね。

だから、上半身の体幹がしっかりして、姿勢をコントロールできるようにならないと、細く弱い足だけでは支えきれないのです。

そこで、上半身の体幹を強く育てることがデンタルモンテッソーリ®の足育の大前提になります。

ハイハイをすることで、上半身は強くなっていく。ところが、お伝えしたようにハイハイをすっ飛ばして歩かされてしまうお子さんも増えています。すると、上半身がグラグラしたままになるのです。

上半身がグラグラだったら、それを支える足には無理が生じます。その無理によって、足が変形することもあります。

そんなことになると、さらに転びやすくなってしまいます。しっかり立ち歩けて地面にグッと足をつけて踏ん張れるように、「足を育てるための足育」とは言うものの、まずは上半身から育てていきましょう。

転びのメカニズム

足にトラブルを抱えているから転びやすい。それはわかりましたが、実際にはどのような不具合が起きているのでしょうか。

前述した通り、大事なのは足の指なのです。

足の指が、こぶしを握ったかのようにギュッと巻いている。あるいは、ピンと伸びてしまっているケース。

実は足の小指が曲がっただけで、足の機能は50％以下に落ちてしまうと言われています。それなら、転んでしまうのも納得です。

もうひとつ、正しい靴の履き方ができていないと転びやすくなります。きちんとかかとを「トントン」していないとか、ゆるい靴をどこに行くにも履いてしまうとか、実は自己流で正しく履けていないことも多いのです。海で履くようなビーチサンダルを履いて街を歩くといった、「ふさわしくない靴選び」も問題です。

0～3歳では、転ぶと顔面ばかりぶつけるというデータがあります。そして、そういう子は年齢が上がっても、ずっと顔面をぶつけ続けます。

おそらく、足の未発達が転倒を招き、手の未発達で防御もできないということがあまり理解されていないのでしょう。そのまま大人になったら大変です。

今は、人生１００年時代と言われています。１００歳まで生きるのに、健康寿命が短かったら苦しく長い老後を過ごすことになります。

健康を考えるうえでも、

●日常生活の動作・活動の土台となる足をきちんと育てること

●足に負担をかけないよう、まずは上半身に体幹をつけさせること
●手の発達もおろそかにしないこと
●足に合った靴の履き方、選び方を考えること

この4つを心がけて、長いだけではなく健康で幸せな人生を、大切な我が子に歩んでもらいたいですね。

なぜ足の裏が重要なの？

足の指が健全に発達することの大切さをお伝えしてきましたが、その前提として、足の裏の重要性についても理解が必要です。

直立二足歩行をする唯一の動物である人間にとって、足の裏はとても重要なものです。ヒトは、足の裏をしっかりと地面につけることで二足歩行をし、前に進み、活動しますよね。

そして、移動の役割から解放された自由な上肢があるから、さまざまな作業も可能になったわけです。これが、人間を高等動物にしてくれたと言っても過言ではありません。

しかし、常に直立二足歩行ができるのは人間しかいないことからもわかるように、動物

にとって簡単ではありません。

バランスを取るために、体性感覚（触覚、温度感覚、皮膚感覚、深部感覚から成り、内臓感覚は含まない）にさまざまな情報を送って、体を支えていかなくてはならないのです。

だからこそ、人間の足の裏にはメカノレセプターという感覚受容器があり、それが体性感覚のための情報を収集するセンサーとなっているのです。

さて、このメカノレセプターという感覚受容器をしっかり発育させるためには、足の裏を刺激することが大切です。

もし刺激が足りなければ、センサーがうまく働かなくなり、段差もない平らな場所で転んでしまうように、バランスがとれなくなってしまいます。

ところが、今は足の裏に刺激を与えるのがなかなか大変な時代。

まず、外遊びができません。東日本大震災での原発事故以来、放射線量を気にして土を触らせたくない親御さんが増えました。また、砂場も猫の糞尿などによる汚染が心配で、子どもの遊び場としては避ける傾向にあります。

昔なら裸足で土に触れていたような場は失われ、足の裏への刺激を与えることもできなくなっています。

家の中でも、風邪をひかせるのが心配で、常に靴下を履かせていると、刺激を受けにくくなりますよね。

メカノレセプターって？

足裏にある体の内部の目として、
地面の情報、たとえば傾斜や
でこぼこなどの情報を、
脳へ伝えるセンサーのような
役割をします。
メカノレセプターが得た情報を
脳が処理し、姿勢やバランス、
歩き方などの調整を行うのです。

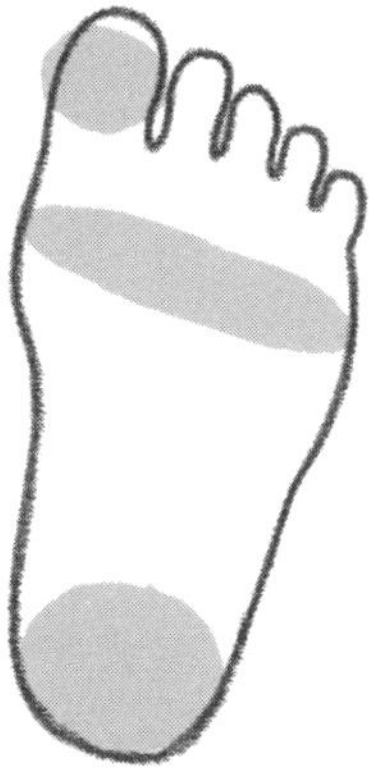

このように足の裏を刺激する機会が少ないと、メカノレセプターの発育に差し支えるだけでなく、足の裏に表れる原始反射（P92参照）がいつまでも残ってしまうことになります。

足の裏に表れる原始反射は、足の裏に触れるものをつかもうとするプランター反射と、指を反らすバビンスキー反射の2種類があります。

問題なく赤ちゃんが成長していけば、プランター反射は10カ月頃、バビンスキー反射は24カ月頃に消滅するものなのです。これが、刺激が足りないために残ってしまうと厄介です。

土踏まずは、6歳で成長が終わってしまいます。その前に、日常生活の土台となる足づくりをもっと大切にしませんか。

足だけの問題じゃない！

足の裏への刺激が足りないと、メカノレセプターという体性感覚のセンサーがうまく働かなくなって、バランスを取りにくくなっていくことはおわかりいただけたでしょうか。人間がきちんと歩いて行動するためには、バランス感覚がいつでも必要になります。もしバランスが取れなかったらどれだけ行動しにくいか、想像すればわかりますよね。常に重心が傾いた状態になるのです。

このバランスのズレは、体中に不具合を引き起こします。

- 転倒につながる
- 顎位のズレ▼重心の傾きのせいで噛む力が均等にならず、あごもズレる
- 肩こりや頭痛などの不定愁訴▼筋力のバランスのズレによる

足の裏への刺激の重要性を知らないまま、重心が傾いていることにも気付かず、「なんだか転んでばかりいるな」「あごがズレる。顎関節症かな？」「いつも頭痛や肩こりがひどい」と悩んでいる人は多いかもしれません。

転倒は大きなケガにつながることもあります。ましてや、顔を地面に打ち付けて、子どもの頃に健康に大きく関わる歯を損傷してしまうと、その後の長い人生にとってもマイナスです。

あごがズレることも、食事の時の噛み合わせにとどまらず、歯をグッと噛みしめることができなくて力が入らないという弊害もあります。

肩こりや頭痛などの不定愁訴も、ＱＯＬ（生活の質）を低下させる大きな要因になってしまいます。

だから、足の裏を刺激して足の感覚センサーを育て、足の発達を促すことは、決して足だけのためではないのです。

直立二足歩行でもバランスよく活動できるようになったヒトにとって、いかに足の裏が大切なのかを意識してみてください。

生まれたその時から大人になっていくまで、年齢に応じた足の教育というものが必要だと、私は強く思っています。

足の発達を阻害するもの

世の中の親御さんたちは、もちろんお子さんのためになることを選択したいといつでも考えていらっしゃるはずです。

でも、それが勘違いであったりかえって良くないことであったりするケースは決して少なくありません。

そして、悪気なく無意識のうちに足の発達を阻害していることがあるのです。具体的には、どういうことでしょうか。

- 室内でいつも靴下を履かせる
- 足を覆うロンパースを着せる
- 厚着をさせる
- デニムのような、硬くて動きにくい服を着せる
- 生後5～7カ月頃に自分の足を舐める「フットリガード」という行為を止めさせる

まず、足の裏を覆ってしまうことで刺激を受けにくくなるので、できるだけ裸足で直接

床や外気に触れさせるほうがいいです。

風邪をひかせるのではないかと心配かもしれませんが、いつも靴下を履かせたり足を覆うロンパースを着せたりすることはやめましょう。

また、裸足でいても活動量がなければ刺激を受けることができません。だから、厚着や硬くて動きにくい服は避けて、赤ちゃんがいつでも動きやすい服装にしておくことも重要です。

そして、赤ちゃんが自分の足を舐めるフットリガードを止めさせないでください！

「足を舐めるなんて汚い！」と心配して、つい止めさせたくなる親心もわからないではないのですが、これは足の発達にとって必要なことなのです。フットリガードという段階を経て、赤ちゃんは自分の足を認識し、自分で自分に刺激を与えて成長していくもの。

まだ立ったり歩いたりできない赤ちゃんが自分の足を舐めても、別に不潔ではありません。あまり神経質にならず、大らかに「これは成長に必要なこと！」と捉えて見守ってください。

足の発育を阻害しないためには、なるべく裸足でいて、何らかの刺激を受けられるように、体を自由に動かせるようにすること。それが基本です。

この基本を覚えておいて、ぜひ実践してください。

今日から始めよう！　足育

足育は生まれた瞬間から始められますが、今までその重要性を知らなかったとしても、今日から始めれば大丈夫！

ただ、足の裏への刺激は、赤ちゃん自らの動きで刺激を取り込むことが大事なので、第三者から刺激を与えられればいいというものではありません。

「私が足の裏をマッサージしてあげるから、靴下を履かせていても、厚着をさせてもいいでしょ。フットリガードもやっぱりイヤ」というわけにはいかないのです。

とはいえ、自分ではあまり動かない、フットリガードもあまりしない、という個性の赤ちゃんもいますよね。

そういう場合には、赤ちゃん自らが自分に刺激を与えるようになるきっかけとして、親御さんがマッサージをしてあげることをおすすめしたいです。

デンタルモンテッソーリ®では「はぐくみマッサージ」という、親子のコミュニケーションにもなるマッサージをご提案していて、赤ちゃん自らの刺激をサポートしています。

他にも、フットリガードをしない赤ちゃんの口元に足を引き寄せてあげたり、やわらかい人工芝を用意して赤ちゃんの遊び場にしたり、できることはあります。

赤ちゃん自ら動く必要があるといっても、見守るだけではなく、最大限にサポートすることで足育をしていきましょう！

マッサージして
親子の
コミュニケーションにも
なります

フットリガードも
存分に
させてあげましょう

足育をしている子の発達のスゴさ

4歳半のお子さんの記録

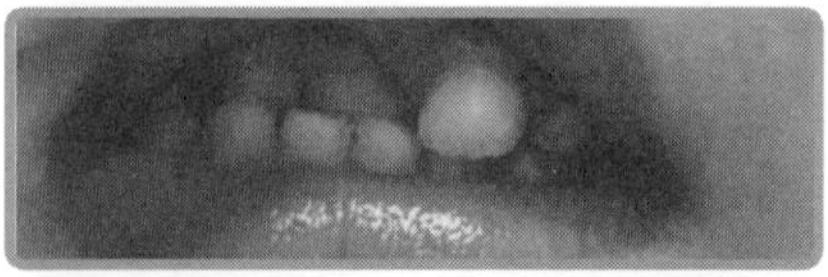
初診の状態

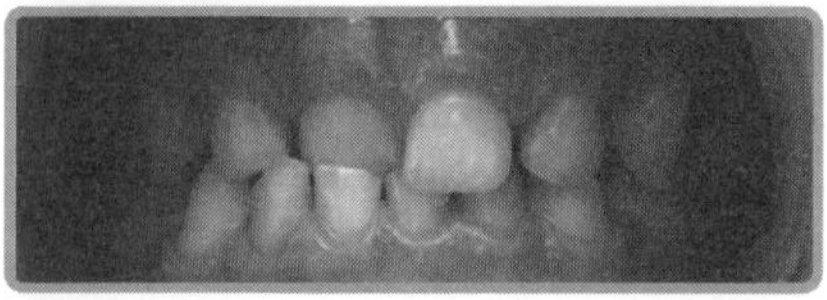
噛み合わせの治療開始から半年

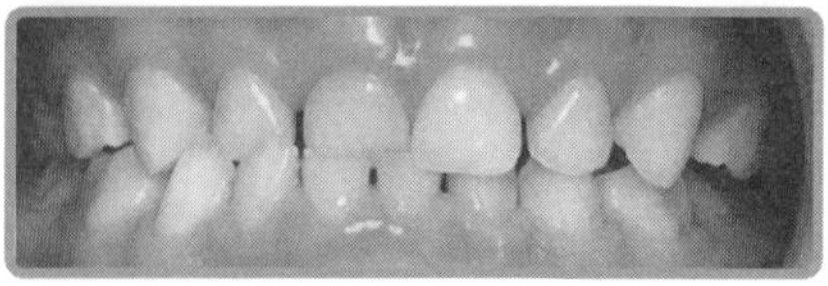
噛み合わせ治療開始1年半

足裏のフットプリントでは、左右差があるものの、噛み合わせが変化することでバランスが良くなってきている。

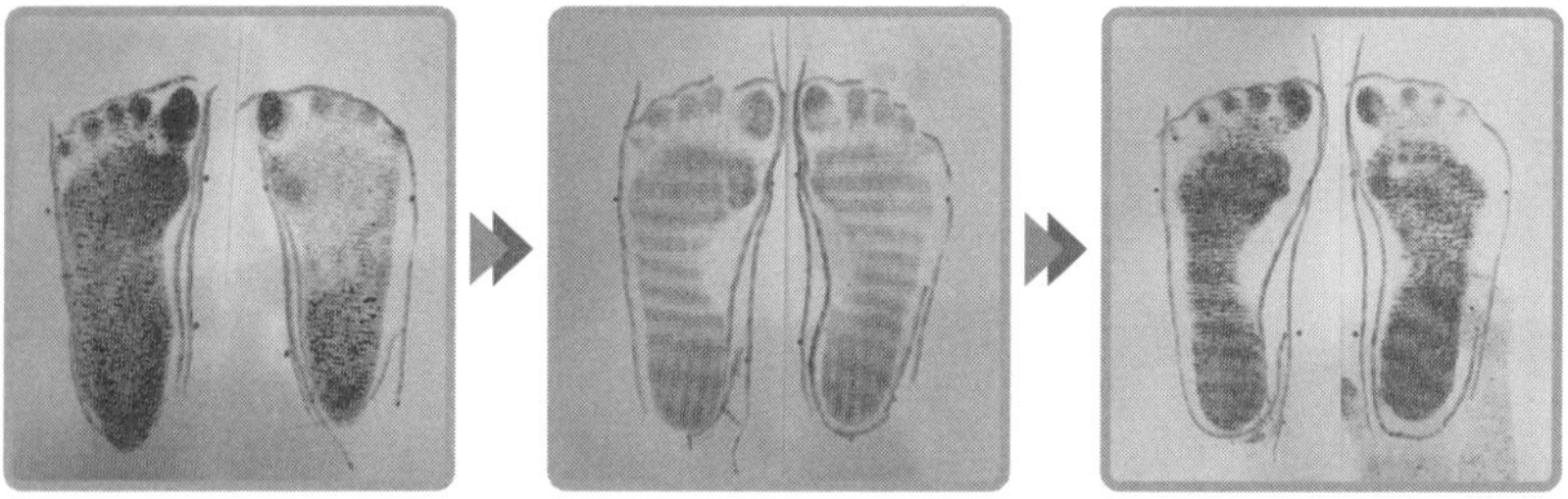

非常に落ち着きのある、意志疎通、理解力も年齢以上。噛み合わせ治療も2歳2カ月で行うことができた子。
現在治療途中ですが、お母様の不安が軽減され、とても喜ばれました。

ここまで読まれた方は、足育がいかに大切か、
おわかりいただけたと思います。
以下の資料は、上野歯科で足育をしたお子さんの記録です。
お口の発達と足の発達の様子がよくわかります。

年少〜年長のお子さんの記録

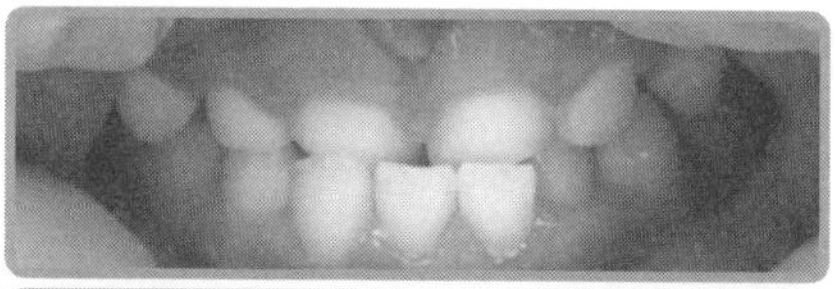

初診の状態

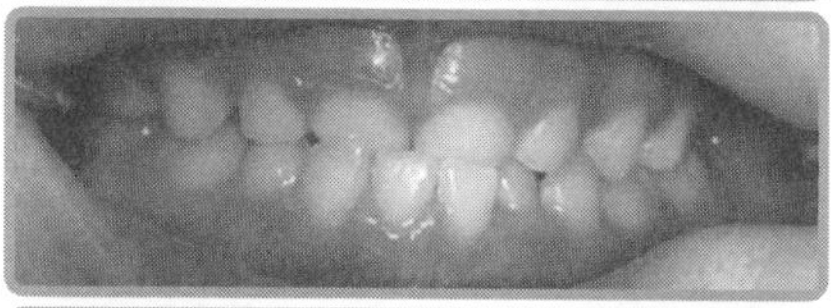

噛み合わせの治療開始から9カ月後

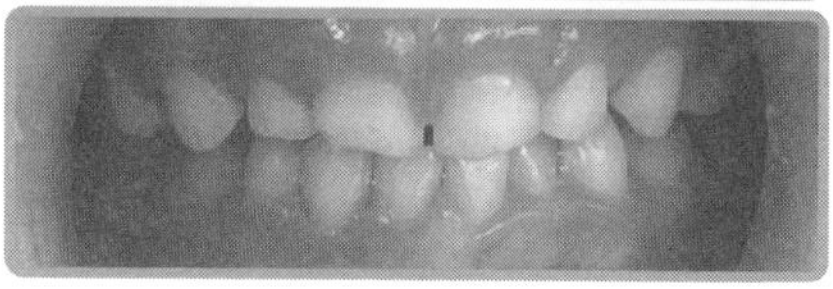

噛み合わせ治療開始1年半

口の噛み合わせが変化することで、足の裏にも変化が。

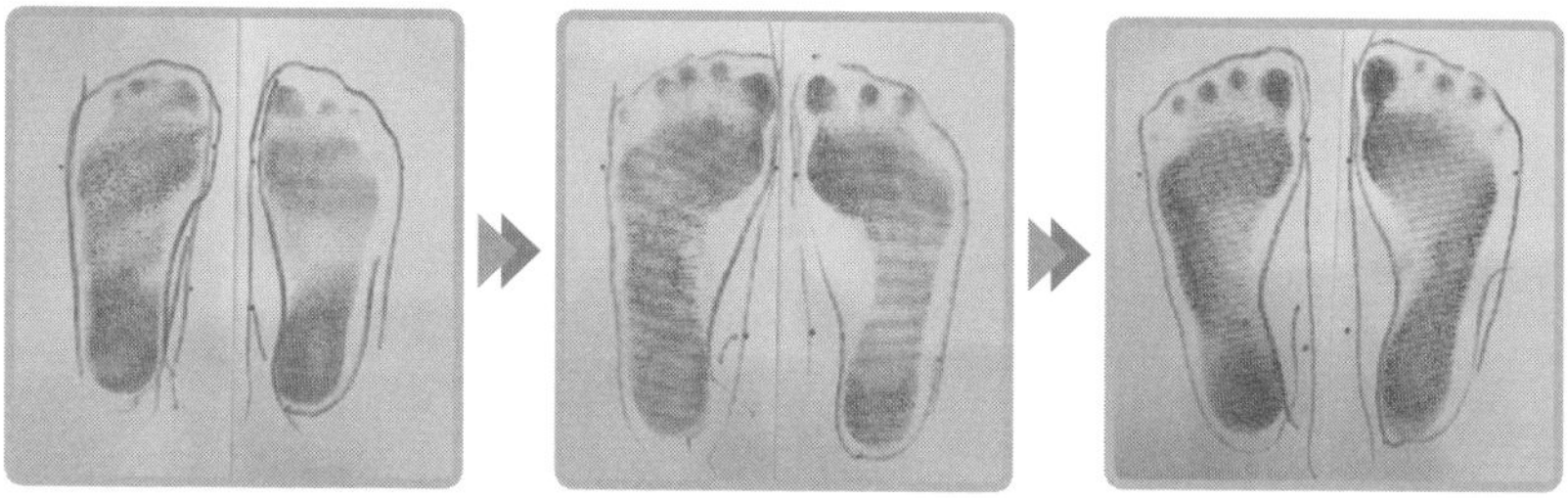

噛む力、噛み締める力がつき、口を閉じていられるようになり、全身の筋肉の司令塔である咬筋の影響で、踏ん張る力が起こり、足裏に変化が起きたと考えられます。お母さまも大変喜んでおられました。

専門家のお話

呼吸を整えることが、健康な人生を歩む土台となる

小児科医　松川昇平先生
医療法人　松川クリニック

おっぱいが飲めなかったり、抱っこを嫌がったり、すぐに起きてしまって寝かせるのに一苦労……。

こんな赤ちゃんの困りごとはありませんでしたか？

当院ではこのような困りごと、心配事の相談を多く受けております。

このような赤ちゃんの困りごと、実は「呼吸」が大きく関係していることが多いのです。

呼吸は生きていくのに一番重要な土台になるところです。呼吸がしっかり整っていないと、運動の発達や知的な発達にも大きく影響すると言われています。

呼吸の問題を起こす原因のひとつとして、舌癒着症というものがあります。

私の長男は強い癇癪があり悩んでいましたが、舌癒着症が原因であることがわかり、手術を受けて嘘のようによくなりました。緊張が解けて表情が柔らかくなり、ほとんど風邪をひかなくなりました。

当院では発達を促す外来を行っていますが、その際に必ず呼吸を確認しています。

一人ひとりが健康な人生を歩んでいけるように、赤ちゃんから関わっていくことが大事だと思って医療に取り組んでいます。

松川クリニックHP ▶

ママエッセイ

上野先生のサポートで選択肢が広がる

神奈川県在住　女児ママ

親だけではできないことをいつもお支えくださり、可能にしてくださる上野歯科医院さん。

個性を重視して伸ばす学校へ、入学することができました。

学力テストはなく、子どもに事前準備はありませんでしたが、娘は大丈夫という自信がありました。

子どもたちは絵を描いたようです。筆圧や話を聞ける、佇まいや動作、姿勢などが整っていたのは、乳児から通常の発達発育の目安に沿って、段階的に体の動かし方、触り方、遊びの中にその時に必要な筋肉を鍛えられる動作など、上野歯科医院さんの多角的視点からの熱心なサポートがあったからです。

子育てで、知らなかったと通り過ぎないほうがよいことを、上野歯科医院さんの足育、口育を土台として教わりました。そして今、より豊かで多くの選択ができる娘たちがいます。

子どもの可能性を大きく広げる目育と手育

CHAPTER 4

「見る」ことは、
単に目に映るモノを認識するだけにとどまりません。
実は眼球を動かすことがとても大切。
そして「手を使う」ことも、
単に手が動けばいいだけではなく、
空間認知や力のコントロールも必要になってきます。
だからこそ、目育も手育も重要！

デンタルモンテッソーリ®の目育と手育

脳を育てたいなら目育をおろそかにできない

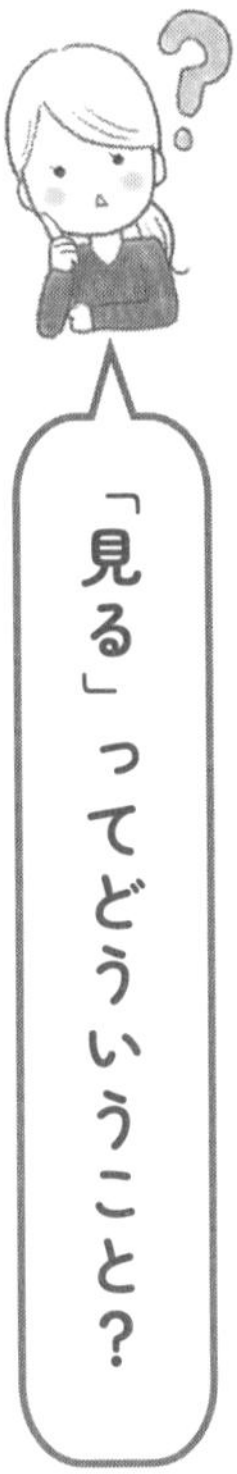

目育で扱う目は、モノを見るために機能するところですよね。

ではみなさんは、「見る」ということをどんなふうに捉えていますか？

形を認識する。色を感じる。そんなことを思い浮かべるのではないでしょうか。もちろん、それは正しいです。ただ、「見る」ということにはもっともっと深い意味があります。

たとえば、まったく同じ白ワインの入ったグラスを2つ用意して、片方だけを味のない食紅か何かで赤く染色してみます。色は変わっても、味は同じはずですよね。

ところが、赤く染めたほうは赤ワインの味だと認識してしまうのです。つまり、視覚は味覚さえ変えてしまうわけです。

このように、「見る」ということはただ単にモノや景色を認識するだけでなく、いろいろな感覚を補完しているということになります。

「見る」ことをきちんと定義するとすれば、

❶屈折異常（近視・遠視・乱視など）がなく（少なく）
❷両目が同じ方向を向き
❸スムーズに動かせる

という3つの条件を満たす行為になります。

❶❷はともかく、❸まで「見る」ことだと気付いている人は少ないと思います。

実は、目の役割としてもっとも大切なのは、見ることでさまざまな動きを捉え、そこから判断して自分自身の体を動かすということ。

普段はそこまで意識していない人がほとんどだと思いますが、私たちが生きていく中で、目がとても重要な役割を担っているということを知っていただきたいです。

「視覚」と「視機能」

モノが「ある」ことやその形状を認知するのは視覚ですが、それだけでは人間は生きていけません。

目から入った情報を処理し、それに基づいて行動する。それが「視機能」であり、視機能があるからこそ生きていけるのです。生存に関わるのはもちろん、社会生活にも大きく影響を及ぼします。

私たちが生きているのは、静止画の世界ではありません。常に動きがあり、それを理解して自分の動きを判断する必要があります。

だから、動きを目で追うことが「見る」という行為の最大のポイントなのです。

動きを目で追うためには、しっかりと眼球を動かせなくてはなりません。この眼球運動をさせることが、目育につながります。

眼球運動は、

❶滑らかに動かす
❷間隔を空けながら飛び飛びに見ていく
❸視線を一点に集めてより目で見る

の3つです。こうした動きをスムーズにできるようにすることが、目を育てることになります。

眼球運動こそが、人間をサルと区別した大きな要因とも言われています。人間が人間である理由のひとつです。

視力だけでは、人間として社会生活を送っていけないのです。視力がどんなに良くても、眼球を動かす機能が発達していないと、しっかりとモノを「見る」ことができているとは言えません。

眼球を動かすことで、私たちが存在する空間の中でモノや状況を認知し、それを行動につなげる。この視機能の一連の流れがあれば、スムーズに体を動かしていけます。

では、もし視機能が十分に育っていないと、どんな影響があるのでしょうか。

特に、子どもが学校生活を始めるとデメリットがわかりやすいので、例をいくつか挙げてみます。

学校生活での例を挙げましたが、生活のほぼ全般に関わると考えていただいて結構です。

視機能の育ちで影響が出る例

- 大縄跳びをする時に、
  縄の動きをよく見て入るタイミングを
  つかむことができない
- ボールなど、
  飛んでくるものを見て
  うまくキャッチすることができない
- 字を書く時に、
  ペン先の動きを追えないから
  スムーズに書けない
- 文章を読む時に、
  目で文字を追えないから
  文章として頭に入らない
- 黒板の大きな文字を見て、
  手元のノートに小さな文字で
  書き写すことができない

目は脳の一部のようなもの

目は、五感を受け取る感覚受容器の中で、最後に完成します。それだけ複雑だということなのかもしれません。

実は、目の奥にある「網膜」は発生学的にも解剖学的にも脳の仲間。脳が成長する過程で分岐し、一部が飛び出たものが網膜だと言われているのです。

だから、目は脳にアクセスするキーともなる重要な器官だと言えます。体の健康状態を知るバロメーターになりますし、神経を通じて脳とつながっているので、脳内の病気が目に現れることもあります。

だから、目を育てる目育は、脳を育てる脳育につながるわけです。

視機能を鍛えることができれば、脳との深い関わりも相まって、

❶目で見てその先を予測する力
❷目による瞬間記憶
❸予測できたことでリスク回避する防衛力

の3つが発達します。この3つは、人生を歩むうえでとても大きな支えになる力ではないでしょうか。

目は、妊娠4週目頃から形成されていきます。そして、生後3カ月から成長を始め、成長のピークは1・5歳。3歳でほぼ成長を終えます。

この3歳という目の成長の終わりは、大脳辺縁系の成長の終わりと一致しています。それも、目が脳の一部であることの証のひとつと言えるかもしれません。

ともかく、3歳にはほぼ成長し終えてしまうので、目育は早期に始めたいもの。先述したように、小学生になって学校生活を始めると、関わる人が増え、行動の幅が広がるために、視機能の未発達が際立つようになってきます。

早めに目育を意識して、「予測」「記憶」「防衛」の3つの力を子どもに身につけさせましょう。

切っても切れない「視覚・脳・触覚」の成長関係

視覚の感覚受容器である目と脳とが密接に関わっているのと同時に、すでにChapter2で触覚の感覚受容器としてその重要性をお伝えした「口」も関わっています。

触覚は、視覚をサポートするために大活躍してくれるのです。だから、目と口は互いに影響し合いながら成長していきます。目と脳の関係に、口も仲間入りするのです。

新生児の視覚は、まだとても頼りないもの。生後3カ月でやっと0・01あるいは0・02程度の視力しかありませんし、眼球運動などもまだまだです。

そこで、触覚が視覚を助けるのです。よく見えないモノを口に入れるなどして、触覚でイメージを読み取り脳にインプットしていきます。

だから、触覚もしっかり成長していく必要があります。触覚がきちんと育っていると、視力が定まってきた時に感情や記憶と結びついて、目に映るモノの質感や背景なども含めて理解できるようになります。

たとえば、人の顔の表情を読み取れることも、触覚が育っていることと深い関係があるわけです。

そうやって触覚と視覚とで理解したことを、次に「どう表現すればいいか」と考えるようになってきます。そこで、言語も発達していく。

口からはじまる触覚ですが、もちろん成長につれて他の部分でも触覚を受容できるようになってくるので、肌と肌のふれあいなども重要になってきます。だから、デンタルモンテッソーリ®ではボディーマッサージも重要視しているのです。

その効果を証明するように、抱っこして肌を触れ合わせるという文化のあるウガンダでは、赤ちゃんの脳神経細胞がアメリカの赤ちゃんに比べて多かったという研究結果もあります。

体の動きの指令を出したり感覚を制御したりする脳は、生を受けた人間にとってもっとも大切な器官です。

そして、はじめはお口でさまざまなモノを舐め、感じる。やがて他の部分でも触覚を受容できるようになり、触覚が育っていく。

さらに、その触覚が視覚を助け、目に映るモノをイメージできるようになり、そのイメージを表現しようとして脳を活性化させる。

このように、脳⬇触覚⬇視覚⬇脳⬇触覚⬇視覚……と循環しながら成長していくのです。

赤ちゃんの発達において、この3つは切っても切れない関係性にあることがわかります。

デンタルモンテッソーリ®の目育

デンタルモンテッソーリ®では、すべての成長発達のために遊びを大切にしています。月齢や年齢に合わせたお遊びをご提案しており、もちろん目育においてもそうです。

まず、新生児のうちは赤ちゃんの上でくるくるまわるメリーを使いましょう。眼球運動

子どもの成長に欠かせない3つの循環

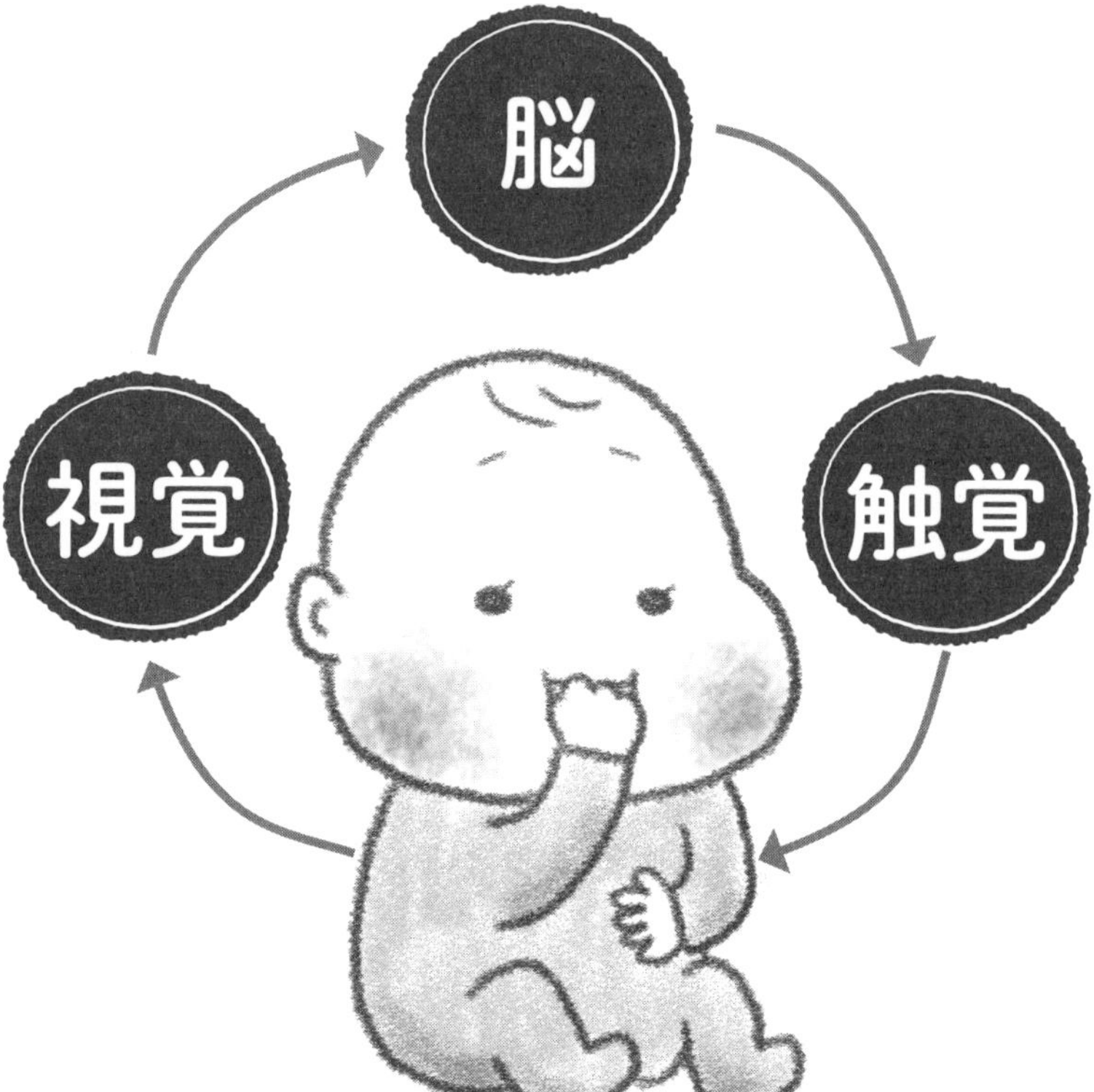

を促します。

メリー選びは、実は色が大切なのです。なぜなら、小さな赤ちゃんは黒か赤のハッキリした色しか見えないから。生後1カ月なら、黒しか見えません。

なぜ黒だけが見えるかと言えば、おっぱいを飲むためにママの乳首の色がわかるようになっているのです。赤ちゃんを産んだ女性は、ホルモンによって乳首が黒くなります。その黒を見つけて吸うことは、生物としての本能です。

成長するにつれてだんだんと見える色が増えていきますが、見える色が限られていることを覚えておきましょう。

目の成長は1歳半でピークを迎えて3歳でほぼ終わりますが、3歳を過ぎたらもうおしまいだとあきらめる必要はありません。

ビジョントレーニングで、できるだけ成長を促すことはできます。

ビジョントレーニングでは、たとえば黒いストローを用意して、黒い穴に刺すようなお遊びをします。

そうすることで、目と空間認識と手の動きを結び付けていくことができます。手をしっかり動かしていくことも生活をしていくうえではとても大切なことなので、一緒にトレーニングをすると効果的です。

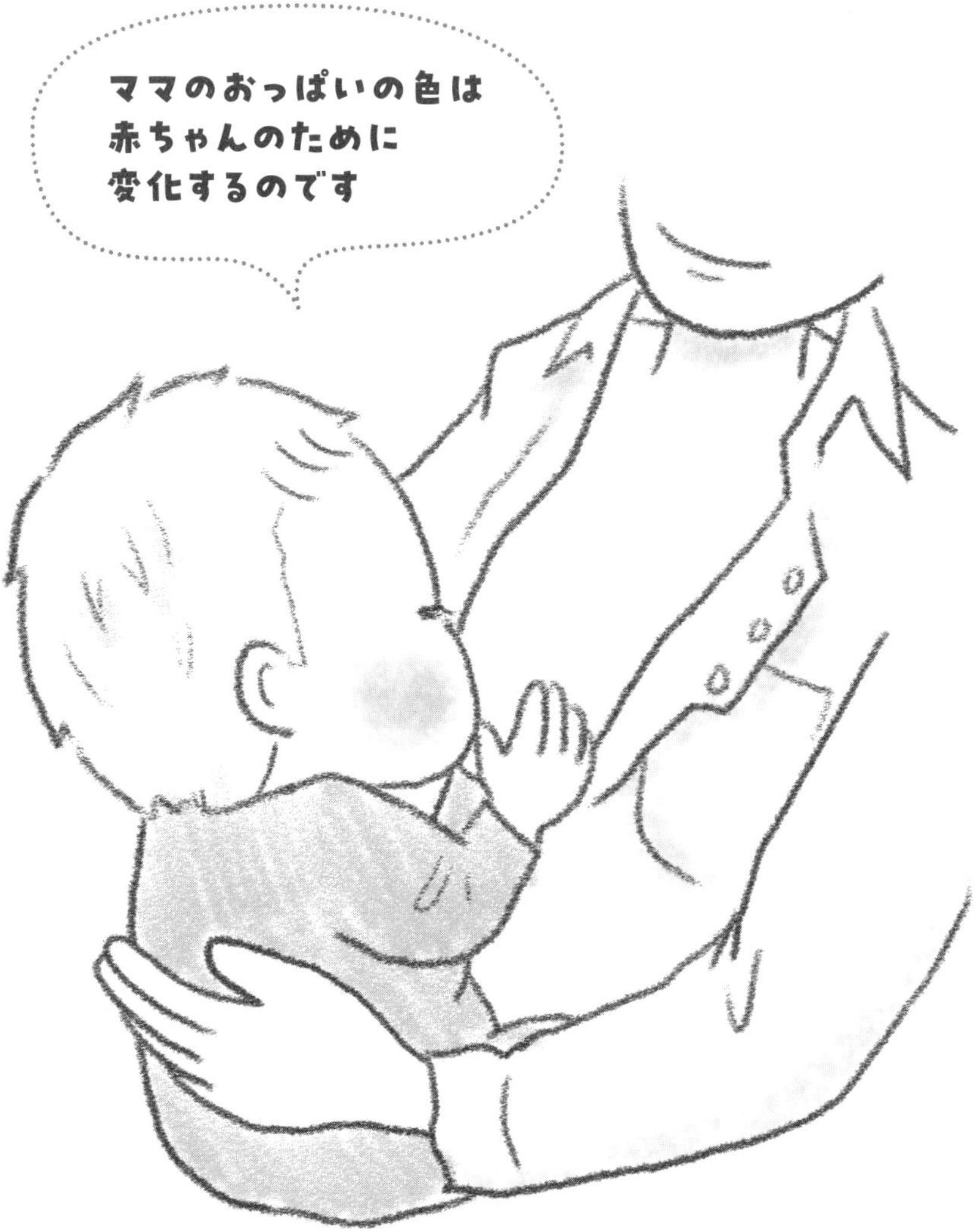
ママのおっぱいの色は
赤ちゃんのために
変化するのです

口育、目育から手育へ

口育がうまくいかないと目育がうまくいかないことはお伝えしましたが、さらに、目育がうまくいかないと、手をうまく動かすことができるようになりません。

目が動くようになると、首が動いて寝返りを打てるようになります。すると視野が広がって、モノを認知してそれをつかもうとします。それが、手の動きを促すことになるのです。

今は、残念ながら手が使えない子が増えています。

以前、新聞で読んだのですが、私たちが子どもの頃はＨＢの鉛筆を使うのが当たり前だったのに、今の子どもたちは２Ｂや３Ｂを使う、つまりやわらかく濃い鉛筆を使うそうです。それだけ、鉛筆をうまく握れずに筆圧が弱くなっているのでしょう。

また、書く時に力を入れ過ぎて紙を破いてしまうということも聞きますし、お豆腐のようなやわらかいものを、強く握って崩してしまう子もいます。

歯科の専門家としては、歯みがきをどうしたらいいかわからない子が増えていると感じます。歯と歯茎の境目がわからないし、力の加減ができずに歯茎を血だらけにするほど強く磨いたり、逆に力が弱すぎて磨けなかったり。

ここでわかることは、手の巧緻性《こうちせい》が大事である以前に、目で見てそのモノの状況を把握し、力をコントロールすることができていないということです。

手が動けばいいだけでなく、触覚と視覚が育っていなければなりません。

今、生活の中で、目を使う機会も手を使う機会も少なくなっています。それが結果的に、不器用な子どもを増やすことになっていると考えられます。

たとえば、いつも抱っこをされていてママの胸しか見ていない赤ちゃんが多いですし、スマホやｉＰａｄに子守をさせるケースが増えていますが、それは眼球運動の機会を奪います。

ただ、ママのワンオペ育児が多いので、仕方のない部分もあるのです。

それから、水道の蛇口など、さまざまなところにセンサーが付いて手を使う必要もない。便利さは、手を動かす機会を奪います。

これも、技術の進歩と社会の変化によるものなので、文句を言うわけにもいきません。

だから、意識して手を使う、特に指を自由自在に動かせるような動きをさせて、手の成長を促していく必要がありますね。

手にも発育段階がある

手の成長を促す必要がある。そう考えた時に、親御さんの考え方として「早く成長させなきゃ」となりがちですが、そこは気を付けてください。

何度もお話しするのですが、発育発達に飛び級はないのです。

手の発達にも段階があります。その段階をひとつずつしっかり上っていくことが肝心です。

手の発育は3段階になっていて、スプーンの柄やお箸など棒状のものを持つ時の手の形に表れます。

❶親指を残り4本の指の中にしまって、グーの形で握る（パームグリップ）
❷親指を残り4本の指の外に出して、グーの形で握る（サムグリップ）
❸親指、人差し指、中指の3本で支えて持つ（ペングリップ）

赤ちゃんにスプーンを持たせることを想像してみてください。

はじめはパームグリップで、手のひら全体を使ってギュッとスプーンの柄を握り、親指も中にしまってグーの形をしています。

それが1歳半ぐらいになると、ギュッと握るのは同じでも、親指が外に出るサムグリップになってきます。

やがて、ギュッと握るのではなく、空間のある持ち方になる。それがペングリップなのです。

キーとなるのは親指が作る空間です。親指は、すべての指と向かい合うことができる特殊な指。他の指と指先をくっつけるように向かい合わせると、そこには必ず空間が生まれますよね。すると、その空間によって指が動くようになります。

4本の指の中に入ったままのグーの形（パームグリップ）でいると、まったく空間が生まれないので手の動きはありません。サムグリップで親指が外に出ることで、親指だけは自由に動くようになります。

そして、ギュッと握っていた4本指が開くと、それらの指が親指と向かい合うことで空間のある持ち方（ペングリップ）ができるようになり、指が自由に動かせるようになっていきます。

お箸やペンを握るだけでなく、服のボタンをとめる、パソコンのキーボードを打つ、鍵を閉める、といったあらゆる手の動きには、空間が必要です。それができなければ、いつまでもギュッと握るような手の動きになり、不器用になってしまうのと同時に力が入り過ぎて肩こりなどにも悩まされます。

だから、3段階をひとつずつクリアして、確実にペングリップまで手を成長させなければならないのですが、急いでサムグリップを飛ばしてしまう親御さんが少なくありません。無理にペングリップを教えてしまうのです。するとお箸はきれいに持てるようになるかもしれませんが、何でも自由自在に動かせる手になっているかと言えば、そうではない。急ぐよりも着実にステップを踏むほうが、お子さんの未来にとっては望ましいということです。

もし、見守っていてもなかなかサムグリップにならないという場合には、シール剥がしなどのお遊びで親指を動かすようにしてみましょう。

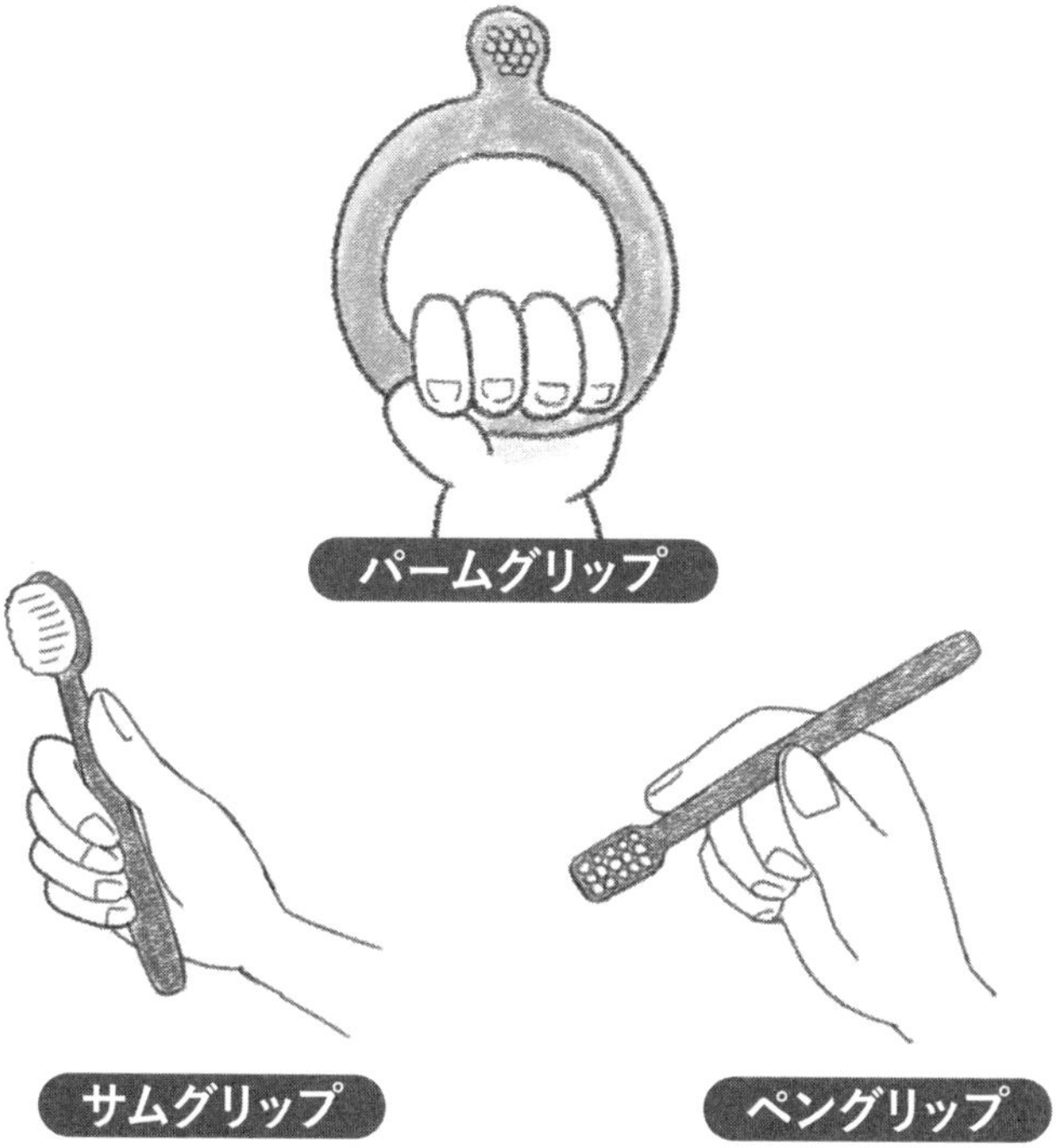
パームグリップ
サムグリップ
ペングリップ

自由自在に手足を動かせるよう育てる

お箸を
使いこなせるよう
になればいい？
手先が器用だと、
選択肢が広がります。

デンタルモンテッソーリ®の手育

手の発達は、何歳まででで終わる、ということはありません。たとえ大人になっても、訓練によって指の動きをスムーズにすることはできます。

ですから、たとえ「もう不器用になっちゃった！」と思っても、挽回することは可能です。安心してください！

小学生になってもうまく指が動かない場合は、小指と薬指の2本をしっかり曲げて何かを押さえるようにして動かないようにし、残りの3本の指を自由自在に使えるような訓練をします。これで、かなり指の動きが滑らかになります。

また、肘や肩甲骨が固まっているせいでうまく指が動かない場合もあるので、肘や肩甲骨を大きく動かしてみるといいです。

指を自由に動かして手を器用に使えるようにすることは、生きていくためにとても大切なこと。

そこで、デンタルモンテッソーリ®の手育では最終的に、

❶手を自由自在に動かせるようになり
❷手で触ったものを感じることができ
❸見たものを書いたり作ったり再現することができる

この3つを目指していきます。

これができるようになれば、シンプルにできることが増えて生きやすくなります。そして、その子の世界が広がるのです。もちろん、可能性も広がります。

歯ブラシメーカー

子どもたちが歯みがきを
好きになるように……
試行錯誤の末、ついに完成！

医療法人社団晃順会あなざわ歯科理事長
穴澤順之進

「くまさんまんもう」は、私が娘を授かった時に誕生した、お子様向けの口腔ケア・口腔機能育成のための歯ブラシです。

私は歯科医師として、長らく高品質な予防医療（口腔内細菌叢のコントロールやシンバイオティクス、栄養指導など）を追求した医療を行ってきました。しかし小児、ましてや幼児期専用の歯ブラシを考案するのは容易なことではありませんでした。多くの書籍を読み、試行錯誤の連続で「Haburafit®（ハブラフィット）」というカスタマイズ歯ブラシの仕組みを用いて、ようやく完成に至りました。

「くまさんまんもう」は、まだ上手に歯みがきができないお子様が、自分でみがいても保護者の方の仕上げみがきの時も口の中を傷つけることはありません。また顎堤《がくてい》（歯肉だけの部分）などでカミカミしてもらい、口腔機能を高めてもらうように設計されています。毛の材質は特殊加工で、歯肉など柔らかい組織で噛んでも痛みがなく、可愛いくまさんがデザインされており、お子様に歯みがきを好きになってもらえるように仕上げました。

一人でも多くの子どもたちに、この歯ブラシが届けばと願っています。

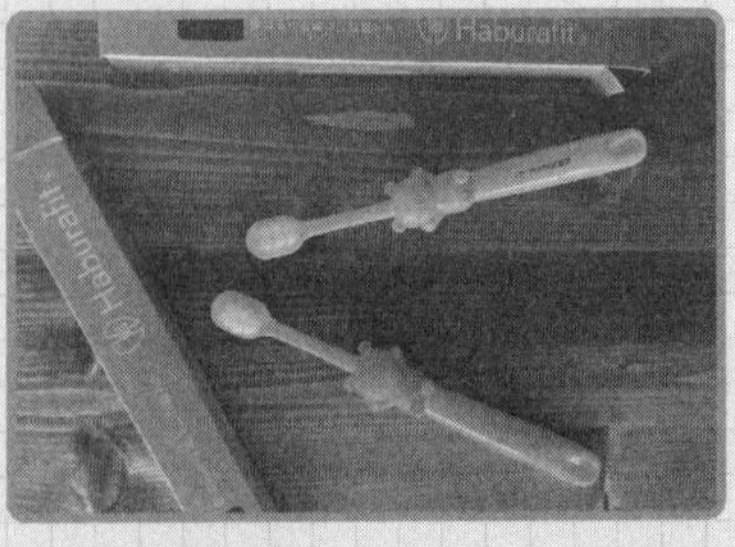

くまさんまんもう

Optimal-aid HP ▶

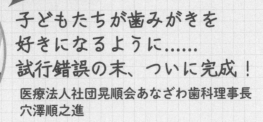

歯みがき粉メーカー

歯と体の健康を考えた歯みがき粉を作りたいという思いを形に

株式会社AT―MARK　CONSUL　代表取締役
安田邦彦

初めまして(^-^)。

B+ という歯みがき粉の開発者の安田邦彦です。

2012 年に歯科業界に携わり、上野清香さんはじめ、さまざまな先生方と関わるうちに、体と歯みがき粉の現状を知りました。

お口は成分を吸収しやすい器官、それであれば歯だけでなく、体のことを考えた歯みがき粉を使いたい、家族に使わせたいと思い、自分と家族のために「B+」を作りました。

そして私自身にも子どもが産まれるにあたり、自分の子どものために「B+ キッズ」を作りました。

体と歯を守りながら、歯を白くする歯みがき粉。

本当の健康を多くの親子に届けられたら、幸いです。

B+　　B+ キッズ

▲ B+商品ページ

▲ 株式会社
AT-MARK CONSUL.HP

デジタル
モンテッソーリ®
の遊び

CHAPTER 5

子どもが遊んでいる様子は、
ただ微笑ましいというだけではない、
成長過程における重要なシーンであることを知ってください。
子どもの遊びは、社会生活そのもの。
健全な社会性を身につけつつ、
体の正常な発育もサポートする遊びに
積極的に取り組みましょう。

デンタルモンテッソーリ®の中での遊びの役割

遊びに集中し、思考し行動することを身につける

なぜ遊びを大切にするの？

「好きだ」「おもしろい」が行動のカギ

核家族が増え、「私が子どもをきちんと育てなくては！」と気負うお母さんが増えている今、子どもたちは十分に手をかけられ、至れり尽くせりで育っていきます。

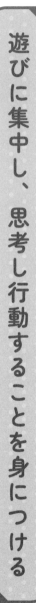

そんな子どもたちが、何でも「やってもらうこと」に慣れてしまうと、この日本には自主性のない人間ばかりが増えていってしまいます。

自主性を持てないこと。それは、本人のせいではありません。どのように育てられたかに、大きく関わることだと思うのです。

デンタルモンテッソーリ®では、子どもが健全に発育していくために、適切に体を動かしていくことを目指しています。何でもやってもらってばかりいる自主性のない子の場合、自ら体を動かすことが困難です。

体は、自分が動かすもの。自分はじっとしていて、誰かに動かしてもらうとしても、それは動いているのではなく、動かされているだけですよね。

だから、私は健全な発育のためには自主性こそが大切だと思っています。

子どもにとって、自主性を身につけさせる最適な方法は、「遊びに集中することで、自分で考えながら行動する喜びを知る」ことです。

何事も、自分で興味を持って初めて、「やってみよう!」「知りたい!」という意欲が湧くもの。他者からの働きかけでやらされるとしたら、なかなか自主性は育ちません。

赤ちゃんの頃から自主性なんて……。そう思われるかもしれませんが、どんなに小さな子どもであっても、自主性を育てることはできます。私は、子どもが自ら動くためのきっかけになり得るのは、遊びだと考えています。

自分から行動するには、「好きだ」とか「おもしろい」といった夢中になる気持ちが必要で、シンプルに子どもの心にもそうしたインパクトを与えることができるのは、遊びに他ならないと思うのです。

だから、デンタルモンテッソーリ®では遊びを大切にします。

どのように遊ばせるかも、もちろん重要です。遊びの中でも、おもちゃを与える場合に留意しておきたいことが2つあります。

①必ずひとつのおもちゃに絞って与える

「好きなおもちゃをどうぞ！」とたくさんのおもちゃを並べると、目移りして集中できませんよね。判断する力がまだついていない小さい子なら特に、こちらでひとつに絞って与えることが必要です。

そのおもちゃに興味を示さないようなら、別のおもちゃに取り換えてみて、集中できるものを見つけるまで繰り返してみましょう。

そして、熱中しているなら気が済むまで同じおもちゃで遊ばせてあげることです。いろいろなおもちゃを用意してあったとしても、飽きるまでは次のおもちゃを出して見せる必要はありません。

②お父さんやお母さんが楽しんでいる様子を見せる

おもちゃにあまり興味を示さないようなら、それはどう楽しめばいいのかわからないということです。

そこで、「こうやって遊ぶんだよ!」と教えるのではなく、お父さんやお母さんが楽しんでいる様子を見せるようにしてください。子どもは、自ら見て学ぶことができます。なんだか、楽しそうだな……。そう感じたら、自分から近づいて興味を抱くもの。そうやって、自分で動くのを待ちましょう。

そのためには、赤ちゃんや小さな子どもでも、見て真似をすることができるおもちゃである必要があります。わかりやすくシンプルなおもちゃで、まずは親御さんが楽しむ姿を見せてください。

このように、遊びの中でも自主性を育むことを意識していきましょう。

遊びの成長段階

遊びにも、実は次のような3つの成長段階があります。

第1段階 ひとり遊び

生後4〜6カ月になると、赤ちゃんもおもちゃを使った「ひとり遊び」ができるようになってきます。

集中して遊んでいるような時は、声掛けをして集中を途切れさせてしまったり、抱っこやおっぱいなどで止めさせたりしないようにしましょう。

また、遊び方を教えるようなことはせずに、本人が自分で考えて遊びたいように遊ぶやり方に任せてください。うまくいかずにイライラしているような場合には、親御さんが楽しそうにやって見せるといいですね。

すぐに声をかけたり遊び方を教えたりすると、ひとり遊びが十分にできたことになりません。そして、ひとり遊びが十分でなければ、次の段階の「並行遊び」がうまくできなくなってしまうので、自由に集中させることを念頭に置きながら見守ってください。

第2段階
並行遊び

ひとり遊びの次には、同じお部屋にいて各々で遊ぶ「並行遊び」にステップアップします。

同じ場所にいながら、複数の子どもたちがそれぞれひとり遊びに熱中するのです。

ただし、完全にひとりではなく、すぐそばに自分以外の子どもがいる。当然、その様子が目に入ってくることがあります。

すると、トラブルが生まれることもありますし、コミュニケーションが生まれることもあります。トラブルになるようなら、それはひとり遊びが十分ではなかったということです。ひとり遊びに戻して、自分のおもちゃに集中することを存分に経験させましょう。

遊びの成長段階

子どもたちの成長とともに、
遊び方が変わっていく様は、
とても興味深いものがあります。
親は一歩引いて見守ることを忘れずに、
観察してみてくださいね。

**同じ空間で
ひとり遊びをする
「並行あそび」**

**第３段階
集団遊び**

複数の子どもたちで一緒に遊ぶ集団遊び。
並行遊びの中から少しずつコミュニケーションが生まれ、やがて「一緒に遊ぶ」ということに気付いていきます。

おもちゃを
使った
「ひとり遊び」

みんなで遊ぶ「集団あそび」

このように、遊びにも3つの成長段階があります。

難しいのは、並行遊びの時期。初めて自分以外の子どもという存在を感じながら遊ぶわけです。

他の子が遊んでいるおもちゃを「それちょうだい！」と取り上げようとすることで、トラブルになることが多いです。

それは、自分のおもちゃに飽きて人のものが欲しくなるから。あるいは、自分のおもちゃの楽しみ方がわからなくて、「あの子のおもちゃならできるかな？」という意識が湧くからです。

このように、他の子にちょっかいをかける子は、ひとり遊びが十分でなかったのです。だから、ひとり遊びに戻しましょう。

ひとり遊びが十分にできていれば、他の子のおもちゃが気になる場合でも、それは自分のおもちゃに飽きたからでもうまく遊べないからでもありません。自分のおもちゃにしっかり集中して、そこから「別のこともやりたい！」とステップアップして他のおもちゃが気になるのです。

そういうケースでは、他の子からおもちゃを取り上げるのではなく、「貸して！」とコミュニケーションを取ることができます。

結局、自分が選んだおもちゃにいかに集中できるかが、成長のカギになるということで

す。自分が遊ぶと決めたのに、それを放り投げてしまうことが問題です。

モンテッソーリ教育では、複数の子どもが並行遊びをする時に、全員に同じおもちゃを与えます。それでも他人のものが欲しくなる子がいますが、その場合には「まだこのおもちゃを使いこなせないんだな」と判断して、レベルを少し下げたおもちゃを与えるようにしています。

他の子から奪うことで、間違った成功体験を植え付けてしまわないようにしなくてはなりません。

このような子は、3、4歳頃になると「わからない」「やって！」と、何でも親に頼るようになってきます。つまり、自主性が育っていないのです。

子どもが遊ぶ様子は、社会生活そのものを反映しています。

どのように遊ぶか。遊びの中でどう自主性が育まれるか。それは、子どもの社会性に関わる重要なポイントです。

それを忘れずに、お子さんを自由に集中して遊べるように、まわりの大人はできるだけサポートしていきましょう。

親の心得

デンタルモンテッソーリ®では「デンタルモンテッソーリ® 親の心得12か条」という、親のみならず子どもに接するすべての大人に意識してほしい心得を掲げています。

小さな赤ちゃんにはもちろんですが、子どもが自分でいろいろな活動をし始める頃に、特に意識してほしい内容になっています。

子どもが遊びに集中している時、子どもが自分で熱心に考えている時、空想の世界に浸っている時……悪気なくつい邪魔してしまったり、良かれと思って口を出してしまったりするのが親ですよね。そんな愛情たっぷりのお母さんたちには、この12か条を頭に叩き込んでいただき、手や口を出したいのをグッと堪えて子どもを見守ってほしいと思います。

デンタルモンテッソーリ®
親の心得12か条

1
ライフスキルを身につける手助け、導く気持ちを持ちましょう。

（ライフスキルとは）

❶ 意志決定スキル
❷ 問題解決スキル
❸ 創造的思考スキル
❹ 批判的思考スキル
❺ コミュニケーションスキル
❻ 対人スキル
❼ 自己認知スキル

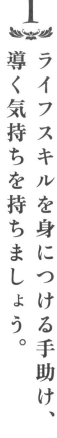

❽ 共感スキル
❾ ストレス耐性スキル
❿ 情動対処スキル

2
ソーシャルスキルを育む気持ちを持ちましょう。

（ソーシャルスキルとは）

❶ 集団生活に馴染める
❷ 自分の気持ちを言葉で伝えられる
❸ 自己沈静能力（感情のコントロール）
❹ たわいもない会話ができる

3

「子育ち」の気持ちを持ちましょう。

「子育て」ではなく「子育ち」、
親も保育者側も一緒に育っていく気持ちでいること。

4

怖い・可哀想と思う気持ちの根源は何か。
親、保育者が自分の心に問うてみましょう。

5

自分の主観で
決めつけないようにしましょう。

6

口、鼻、目、脳、手、足のパーツから
全身をみること、
またその逆の全身から部分を考えましょう。

7

怒ることもなだめることも
同じ刺激になるので、
待つ気持ちを持ちましょう。

8

人生の土台をつくる
大切な時期に携わっていると
常に思いましょう。

9

ときに子どもの時代の
自分を思い出してみましょう。

10

子も親も学びの姿勢を大切にしましょう。

11

子も親も実体験を大切にしましょう。
小さな失敗をたくさん体験することも
必要です。

12

自尊他尊を大切にし、
必要な場面では断る決断や、
わからないとはっきり伝えましょう。

遊びに適した環境をつくりましょう

子どもが遊びに集中できるように、また、自分でお着替えや片付けをしたくなるように、部屋のレイアウトや工夫は積極的に考えたいですね。理想的な部屋の例をご紹介します！

本棚は子どもが自分で取ってしまえる高さがおすすめ

机でのひとり遊びは集中力アップに。道具や時計を置くのもおすすめ
服の着脱ができるように、引き出しにイラストを貼るなどの工夫を
お姉さんすわりなどは股関節、骨盤への悪影響が懸念されるので、クセを直すようにやさしく促しましょう
床材は、フローリングよりも足育や感覚が育つ柔らかめの人工芝などがおすすめ。一部だけ敷いても

おもちゃとしまう場所に同じシールを貼るなど、片付けやすさの工夫を
帽子やかばんを自分で片付けられるようにフックなどの設置がおすすめ
ごみ箱や掃除キットがあると、すすんで掃除するなど自主性が育ち、捨てる習慣がつきます

専門家のお話

子どもの歯科矯正の新常識

上野隆生
上野歯科医院 院長

今の子どもたちは、あごの骨が正しく育っていない。

歯科医として診療にあたる毎日の中、この恐ろしい事実に気付かざるを得ませんでした。

ほとんどの子は、6、7歳ぐらいになっても3歳と同じ程度にしか成長していない。あごが小さく、口の中が狭いのです。

そこでつくづく感じたのが、もうあごの骨が自然に育つ時代ではないということ。だから、すべての子どもたちに対して、歯科矯正の器具を使って意図的に口を広げてやらなくてはいけない。その必要性を強く感じています。

なぜ今、子どもたちの口の中が育たなくなっているのでしょうか。

根拠があるわけではないですが、考えられる第一は、食文化が変化してきたこと。圧力鍋のような調理器具の進化で、食材はどんどんやわらかくなっていき、骨ごと食べるとか、硬いものを食べるということが少なくなりました。

それだけでなく、子どもたちは塾や習い事で忙しく、ゆっくりよく噛んで食べる余裕もない。口の筋肉や歯を使わないので、成長が促されません。

原因は食事だけではなく、生きものとしての正しい成長の進度を無視して、親たちが「うちの子はもう寝返りを打った」「人より立ち上がるのが早かった」「もう離乳食を始めた」と競い合うことにもあると思います。

体が未発達のうちから無理に立たせる、歩かせる、といったことをやらせると、本来の自然な発育が乱されてしまうわけですよね。口の中の成長は口だけの問題ではなく、全身の成長にかなり影響されるので、結局は口にしわ寄せがきているという可能性もあります。

さらに、東日本大震災などの災害や熱中症の心配、コロナなど感染症への不安や通り魔・誘拐などのリスクが増えて、外遊びができなくなっていることも問題です。

それはつまり、体の機能をつくる場所がないということになりますから。

どんなに各家庭であごを育てるために努力をしても、環境によってどうにもならない部分もある。もう、家庭でなんとかできる時代ではありません。現代の生活の中では、親ができることは限られています。

だから、これからは子どもたち全員が等しく歯科矯正を受ける、そんな時代が来るべきだと思います。私は、それを新しい常識にしていきたいです。

ここで言う歯科矯正は、みなさんがイメージする一般的な「歯並びを治すためのもの」ではありません。

口の中に器具を入れてあごの骨を広げ、内側に倒れてしまっている歯を垂直にして、きちんと噛めるようにします。成長がかなり遅れているお子さんでも2カ月ほどで骨は広がりますが、その後にしっかり噛むなどの筋肉のトレーニングもして、トータル2年ほどかけて、年齢に見合う口の大きさに成長させていくのです。

これを、上あごの成長が終わる10歳までに終えなくてはなりません。上あごが広がっていれば、2年遅れで成長する下あごも自然に成長できるようになります。

口の中が正常な大きさに広がると、呼吸がしやすくなって健康にいい影響があります。また、しっかり噛みしめられるようになると全身の筋肉が付きやすくなっ

下顎乳歯2歳半参考模型　　上顎乳歯2歳半参考模型

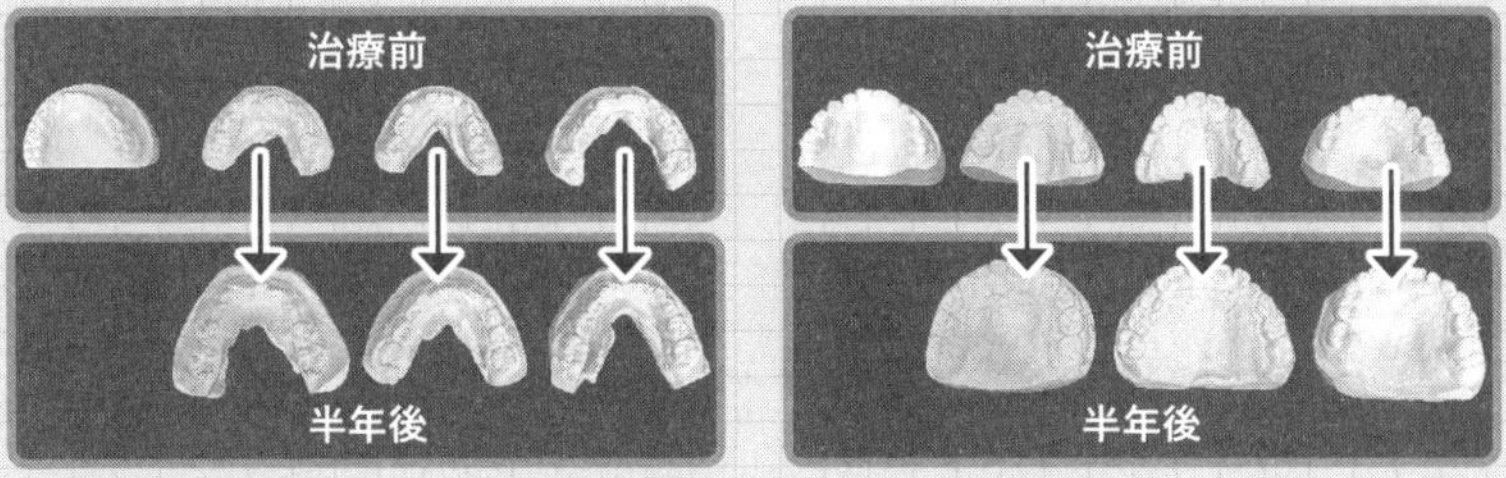

矢印下は6歳半〜7歳児の歯型

上段が下段になるまで半年ほどでここまで成長することができます。年齢に口の成長を合わせてあげましょう。口の中は見えないので成長不全かどうか親は気付きません。話せる・食事がとれるからといって成長しているとは限らないのです。

口腔は鼻・目・脳の土台。支えるためにも土台が育つ必要があります。


て、運動能力にいい影響があるだけでなく、集中力も保てます。

姿勢も良くなるし、容姿もすっきりとして見栄えが良くなります。

これだけメリットが多いわけです。でも、歯科矯正と言えば歯並びをよくするものだというイメージがあり、身体機能の改善のために歯科矯正を受けるという考え方は、まだ一般的ではありません。

しかし、デンタルモンテッソーリ®で口育が重視されているように、口は全身の成長に関わる大切な場所。しっかりあごの骨を成長させて口の空間をつくることがどんなに大事か、多くの人にご理解いただきたいと思っています。

「すべての子どもに歯科矯正」の新常識を、ぜひみなさんも広めてください。

子どもの成長に合わせたデンタルモンテッソーリ®

CHAPTER 6

言葉かけ、お遊びなどは年齢問わず、
お子さんの成長に合わせて適したものを選ぶことが大切。
お子さんをよく観察しながら、
ぜひ今日から試してみてください！
少しずつ、子どもの変化を感じられるはずです。

0歳～

特徴

- 完全な動物の状態。
- 睡眠時間17時間前後、眠りと覚醒を繰り返す。眠りは浅い。
- 眼球が動く。生理的微笑がある。手指が動く。
- 視力はおおよそ0.02、大人の1/25程度。18～30㎝内が見える。
- 3カ月頃に追視をしたり、クーイングという喉を鳴らすような音を出すことも。

言葉かけ

ポイント

- 親御さんからの一方的な言葉かけがメインになる時期。
- 五感を刺激するような言葉かけを意識しましょう。
- クーイングなど、赤ちゃんとのコミュニケーションを楽しめることも。

3カ月頃になると、運動が活発になり始め、顔の認識ができるようになります。言葉かけは、親御さんからの一方的な問いかけになりますが、赤ちゃんの気持ちを代弁する言葉をかけてあげるのがおすすめ。たとえば「気持ちいいね〜」「お腹すいたね〜」など、赤ちゃんからの反応に親自身が返すことで赤ちゃんの体が満たされ、気持ちも心も影響を受けるのです。

この頃の赤ちゃんは、大人が思う以上に大脳辺縁系が成長しています。五感を十分刺激することがとても大切です。

1歳〜

特徴

- 二足歩行が始まり、人間らしい活動が増え始める。
- 手を使った遊び、道具を使うなどの行動が上手にできるようになる。
- おっぱいだけでなく、食べ物を口から入れ始める。
- 母親と他人を識別できるようになり、人見知りが始まる。

言葉かけ

ポイント

- 成功体験につながる褒め言葉を大切に。
- 一人遊びに集中している時は、そばで見守るようにします。
- 人見知りが始まっても、人との触れ合いの機会を大切に。

より人間らしい活動が増え始める頃で、手を使った遊びも増えます。成功体験につながる褒め言葉をたくさん浴びさせることを意識しましょう。褒められると、チャレンジする力や達成感、さらに親御さんの笑顔を見て喜びの感情を得ることができるのです。喜びの感情は大脳辺縁系を刺激するので、脳にも素晴らしい影響を与えます。

また盛大に人見知りをする頃です。人見知りは成長の証。人との触れ合いを遮断することなく、チャレンジする機会を持つようにしましょう。

2歳～

特徴とアドバイス

- 自分でやりたい！　という意欲が出てくる。
- 「いやいや期」と呼ばれる、意思がはっきりし始める時。
- ひとり遊びが大好きな時期。

言葉かけ

ポイント

- 「褒める」を通過できたら、次はチャレンジを促す言葉かけを。
- 次に何をするか、発想を広げるような言葉かけもおすすめ。
- 些細なことでも、子どもに選ばせることを繰り返すとよい。

自分の意思がしっかりと出てくる時期。「いやいや期」とも呼ばれ、親御さんは手こずることも多い時期かもしれません。でも、自分の意思を出せるのは成長したからこそ。ゆったりと見守れるといいですね。

この時期大切なのは、チャレンジを促すことです。次は何をしようかと意欲的になり、さらに「どうやろうかな？」と発想を広げられるのが理想的です。また、小さな選択をたくさんさせるのもよい時期。子どもの選択を尊重することが自己肯定感へとつながっていきます。

お遊びカタログ

ここからは、家で楽しめる遊びをご紹介！
おすすめの遊びはたくさんあるので、
お子さんの成長や興味のあることなどをよく観察して、
選んでくださいね！

目育に有効な遊び

楽しみながら目育を効率的に行いましょう。
赤ちゃんから始められる遊びをラインナップしてみました。

お手玉遊び

目で追いかける追視を目的にした遊びです。
少しずつ難易度を上げると楽しめますよ。

お手玉には重さなど
いろんな種類があるので、
いろいろ試してみましょう。
ほ〜ら

赤ちゃん

親御さんがやっているところを見せてあげましょう。
1つでキャッチしたら、
その後2つでやっているのを見せます。

歩く頃

「お手玉、キャッチ」と投げ合いっこを
してても楽しいですよ。

2歳頃

まだ2つは難しいので、
1つを自分で上に投げてキャッチする。

離れたおもちゃを目で追う遊び

モグラ叩きをイメージさせる遊びです。音や物があるほうに、
目を向けさせることが目的の楽しい遊びです。

赤ちゃん

音の鳴るおもちゃを使います。右、左、上の方、下の方など、ランダムに音を鳴らして見せてあげましょう。

歩く頃

画用紙などで親御さんと子どもの間に仕切りを作ります。
画用紙の向こう側で、いろいろな方向から、
指人形などの顔を出して見せます。

2歳頃

見つける対象物を3つにしてみましょう！

赤、青、黄の積み木を使って「赤、青、黄、青、黄」など親御さんが指示を出して、子どもにそれを目で追わせます。

子どもの見ていないほうから
話しかけてあげるなど、
360度きちんと見られるかどうか
確認してあげてください。
ひょい
ひょい
ひょい

ひも通し

家にあるビーズやひもで十分です。
小さな赤ちゃんは、ビーズなどをお口に入れてしまうので、
十分注意して行いましょう。

赤ちゃん

ママがひも通しをするのを見せる。

歩く頃

小さな穴に入れたひもの先を
つまんで引っ張ります。

2歳頃

自分でやってみましょう！

体をつかう遊び

子どもの発育発達に欠かせないのは、体をたくさん動かす遊びです。
子どもたちは体を使った遊びが大好き！
年齢や成長に合わせてやってみてくださいね！

しがみつき遊び

大人の体を使ってしがみついたり、トンネルにしたりして遊びます。
全身運動になるだけでなく、スキンシップにもなります。
大人にも筋力が必要です！

ゆらゆら線路

親が長座して座ったら、
子どもは親の脛から
太ももを歩きます。
その時親はしっかりと
子どもの両手を持ちましょう。

片手同士で手をつなぐと
少し難易度がアップします。

洗濯バサミ取り合いっこ遊び

正座して向き合います。
手を伸ばさないと取れない
距離でやりましょう！

服の前面に洗濯バサミをつけて、
取り合いっこをする遊び。
指先を中心に、
手と目の運動にもなります。
カラフルな洗濯バサミを
使っても楽しいですよ。

手押し車

下を向かないように、顔を上げるように
声かけをしながら行いましょう。
はいはいが少なかった子どもには、
とってもいい遊びです。

赤ちゃん

体から支えるようにして行います。
声かけも忘れずに。

2歳頃

無理のない範囲で、
親が足を持って行います。

大人トンネル

狭い空間を、
自分の体をどう調整すればくぐれるのかを
推し量るトレーニングになります。
大人も一緒に楽しめますよ。

赤ちゃん

ママの下をハイハイでくぐる。
トンネルを長くしないで、短いトンネルのほうがよいでしょう。

歩く頃

家に段ボールがあったら、
段ボールでトンネルをつくってくぐってみましょう。

2歳頃

さらに段ボールをつなげるなどして、
長いトンネルをつくってくぐると楽しいですよ。

高いところへ上り下り

子どもは高いところにのぼるのが大好き。
年齢や成長に合わせて、高さを調整しましょう。
大きくなってきたら、お外でも楽しめる遊びです。

赤ちゃん

お布団や座布団で障害物をつくり、乗り越えさせます。

歩く頃

踏み台を上り下りしてみましょう（100均にもあります！）。
お家に階段があれば、階段を数段のぼってみます。

2歳頃

お家の階段を使って上り下り、外に出て坂道を歩くのも楽しめます。

見たまままねっこ

ミラーニューロンという
神経細胞が働いて、
見てまねるということが
できるようになります。
日頃から、お子さんと
向かい合って、
いろんな表情をして
見せておくといいですよ。

赤ちゃん

表情をまねます。親が笑った顔、怒った顔を見せてみましょう。
手遊び歌をまねたりできるようにするのもいいですよ。

歩く頃

動物さんになって歩こう！　動物のまねをして歩きます。
手をあたまに置いて耳に、ぴょんぴょんうさぎさん、
四つ這いでクマさん歩きもいいですね。

2歳頃

リズムに合わせてダンスをしてみましょう。親御さんの好きな音楽でOKです。できれば親御さんが動きを覚えて、子どもにやって見せてあげるとよいでしょう。

「絵」の能力を伸ばす遊び

色や形の情報を処理する後頭葉を鍛える遊びです。
色は文字では教えず、目で見てその違いや美しさを
理解できるように導きたいですね。

色水遊び

大好きなお水遊びに、
色を使ってさらに楽しめるようにします。

赤ちゃん

ペットボトルに、いろいろな色水やビーズなどを入れて
遊びます。ペットボトルを振ったり、
光に当てたりすると、キラキラして綺麗ですよ。

歩く頃

色水をつくって、容器に入れたり移したりして遊びましょう。

2歳頃

透明な容器に、色水を数種類（三原色など）準備し、
混ぜて色の変化を楽しみましょう。

色おに

大きくなれば鬼ごっことして楽しめる「色おに」ですが、
小さな子どもには、
色の認識を楽しみながら遊ぶことができます。

赤ちゃん

お部屋の中で、色を探して遊んでみましょう。

歩く頃

親御さんから言われた色を探してタッチ、を繰り返します。

2歳頃

子どもからも色の指示を出してもらい、タッチするようにします。

「数」の能力を伸ばす遊び

聴覚処理、読み書き計算・連想記憶、顔の認知、
単語数字の理解などを担当する側頭葉を鍛える遊びです。

いくつだったかな？

音を聞いて、その鳴った数を数える遊びです。
タンバリンなどの楽器を使うと楽しめます。

赤ちゃん

タンバリンを叩いて、いくつだったねと伝えましょう。

歩く頃

タンバリンを叩いた数を言う、
もしくは叩いた数のシールを貼って楽しみましょう。

2歳頃

叩いた数を丸の中にクレヨンでぬるようにします。リズムを
難しくするなど、難易度を上げていくとさらに楽しめますよ。

神経衰弱

おなじみの神経衰弱を
小さな子ども向けに
アレンジしました。
同じものを選んでもらう遊びで、
カードだけでなく、
他のおもちゃなどでもできます。

赤ちゃん

カードを表にして、同じカードを合わせます。
親御さんがやって見せましょう。

歩く頃

3組のカードを使ってやってみましょう。
また、おもちゃを使って、離れた部屋に置いてある、
同じおもちゃを持ってきてねというのも楽しめます。

2歳頃

5〜10組くらいのカードを使ってやってみましょう。
おもちゃでやるなら、取る前に何か行動を挟みます。
おもちゃを取る前に、水を飲んでから行ってね、などですね。

「感覚」の能力を伸ばす遊び

感覚は、五感を刺激することでどんどん養われていきます。
ゆらゆらなど、不安定な動きに身を置くことがおすすめです。

ブランコ・ハンモック

バランス感覚を養う効果があり、
全身の筋肉に刺激を与え、
体を支えるのに十分な筋力がつきます。
また、平衡感覚にも
効果があるとされています。
ゆらゆらとされるだけで、
五感が研ぎ澄まされ、
リラックス効果も期待できます。

トランポリン

トランポリンは、
脳の前頭前野などを活性化させ、
またバランス感覚、反射神経なども
鍛えると言われています。
体幹を鍛えるのにも効果的で、
運動神経の発達を促すにも最適な、
おすすめの遊びです。

「自然」の能力を伸ばす遊び

自然は人間の暮らしに欠かせないだけでなく、
美しく、優しく、時に厳しく子どもたちの成長を見守ってくれます。
また自然は、植物や虫、動物などの生命に溢れています。
その中で子どもたちを育てることで得られることは無限にあるのです。

自然のもので遊ぶ

石、葉っぱ、どんぐり、枝……
自然の中には、
いろいろな作品を作るのに
最適な材料が溢れています。
これらを材料にして、
色を塗ったりボンドで貼りつけたり、
花をすりつぶして色水にしたり、
葉脈を紙に写したりなど、
自由な発想で楽しみたいですね。

空・天体・星で遊ぶ

空を見上げれば、いろいろな形の雲があります。
夜空なら、星が瞬いていますね。
子どもたちにとって宇宙は不思議だらけ、
ちょっと怖いとすら感じるかもしれません。
この怖い、という感覚もとても大切です。
星や天体をかたどったものを自分で作ったり、
観察したりするのも楽しいですね。

「自分」の能力を伸ばす遊び

二者択一で本人に決めさせ、自己決定感を大切にする遊びです。
集中して、一人で行えるものがおすすめです。

粘土遊び・泥遊び・お水遊び・陶芸

びちゃびちゃ、ねちゃねちゃと、
質感を全身で楽しめるような遊びは、
触覚はもちろんのこと、
音や匂いなど五感を使うだけでなく、
集中力も高めます。
泥遊びや粘土遊びなどは、
やがて陶芸のような作品作りへと
発展していくことができます。

お絵描き

自分の顔を
大きな紙（模造紙）に
思いっきり描くのを
おすすめしています。
なるべく大きな紙を
用意してあげて、
思いっきり描かせて
あげたいですね。

「人」の能力を伸ばす遊び

共同作業になる遊びです。まずは親御さんと2人で、それから兄弟やお友達などと一緒にできるようになるといいですね。

輪になってボール投げ

みんなで輪になってボール投げをします。
小さいお子さんの場合は、
輪の大きさを調整して、
無理なく届く範囲で行います。
怖がらないように、
柔らかくて大きめのボールを
使うとよいでしょう。

しっぽ取りゲーム

しっぽがわりのひもを
ズボンのゴムに挟むなど、
引っ張ればすぐ取れる
状態にしておいて、
しっぽの取り合いを
するゲームです。
遊ぶ範囲（枠）を決めておくと、
さらに楽しめます。

ママエッセイ

さやか先生との出会いから人生が変わった！

横浜市在住　男児、女児ママ

一家でさやか先生推しです！！

初めて伺った日を鮮明に覚えています。まず驚いたのが、すぐ歯をみるのかと思いきや問診や説明に1時間以上かけてくださったことです。その後呼吸のことを教えてくださいました。

呼吸なんてまったく気にもとめていませんでしたが、お話を聞くと思い当たることばかりでした。その呼吸が歯だけでなく体と密接につながっていることもわかりやすく説明してくださり、あの日を境に我が家の人生が変わりました。

マウスピースをすると、15分後には足形が変わることを目の当たりにしたのが衝撃でした。そして、一般的には矯正ができない幼児は様子を見ましょうと言われることが多い中、上野歯科医院さんは今できることもご教示くださるので、全幅の信頼をおいています。

電車を乗り継いでまで上野歯科医院さんに通うのは、知識もそうですが子どもを我が子のように可愛がってくれ、一緒に育ててくださるからです。どうやら親の私が知らない、先生と子どもの秘密もあるようで（笑）。

子育ての相談も乗っていただき、私の一番の心の拠り所です。

専門家のお話

子どもも大人も元気に足育

社会福祉法人 長寿保育園

東横線元住吉駅から徒歩１５分、鳥の形の園舎と広いお庭が見えてくると、子どもたちの元気な声が響いてきます。0歳児から5歳児クラスの子どもたちが１６０名いますが、１年間を通して半袖、半ズボン、靴下を履かずに素足で過ごしています。

午前中の活動は雨が降らない限り外遊びで、夏は裸足のままお庭に出て、砂や泥の感触を楽しんでいます。

乳児クラスのテラスは人工芝が敷いてあり、足の裏に適度な刺激を感じながら、立ったり座ったりして保育者との遊びを楽しんでいます。

「足育」を意識して足の指がよく動くような遊びを取り入れたり、足指でジャンケンする遊び歌を作って歌いながら遊んだりしています。

「あいうべ体操」（82ページ参照）同様、歌いながら遊ぶことで親しみやすく、また保護者の方々にも伝えやすく理解も深まっているように思います。

社会福祉法人
長寿福祉会 HP ▶

おわりに

読んでいただいてありがとうございます。

私の本も、これで3冊目になりました。前の2冊と同様、今回も世の中の悩めるお母さんたちの助けになりたい。その一心で、出版を決めました。

子育てに参加するお父さんも増えていますが、やはり責任を自分一人で背負い、苦しんでいるのは圧倒的にお母さんたちです。

毎日のように上野歯科医院の診察の現場でそういうお母さんたちにお会いしますが、微力ながら私がアドバイスや言葉かけをすることによって、元気になってもらえる実感があります。

だから、診察室でアドバイスするだけでなく、もっと多くの人たちに発信したい。そう考えて出版を重ねてきました。

ところがこの3冊目の出版にあたっては、かなり悩みや迷いが多くてスムーズに進みませんでした。

それは、私は今までもこれからもまごうことなき歯科の専門家なのに、もう歯科ではなく子育ての専門家になったかのような誤解を受けてしまったから。

私は歯科の医療従事者として、子どもの発育と「お口」との関わりの深さを知った時から、より深い知識を求めて必死に勉強を続けて、子育ての助けになれるよう発信を続けてきました。だから私の発信のベースには、必ず歯科の視点があるのです。

それを周囲に理解していただけないもどかしさ。そして、気持ちを整理できない自分自身にも失望していました。

でも、しばらく悩みに悩んだら、雲が晴れたように決心がついたのです。

人に何を言われようと、私は歯科の専門家であり、同時に子育ての専門家でもある。歯科の視点から子育てのアドバイスができるのは私だけ。

実際、喜んでくださるお母さんたちは多いのだから、ライフワークとして続けていこう！

これまでは、子育て中の親御さんたちに向けて発信をしていましたが、そう決心してみると、出版という手段で仲間を増やせるのではないかという希望も生まれてきました。

今は、私しか歯科の視点から子育てアドバイスをすることはできません。でも、出版をきっかけにたくさんの人たちにデンタルモンテッソーリ®を知っていただけたら、一緒にデンタルモンテッソーリ®を学んで理解してくれる歯科の専門家も増えるに違いありません。

今、歯科医院はコンビニよりも多いと言われている時代。たくさんの歯科医院で、それぞれデンタルモンテッソーリ®による子育てサポートができたら、それだけ多くの親御さんたちが救われます。

ライフワークとして、人生をかけて私はデンタルモンテッソーリ®を体系化し、広めていきたいと思っているのです。本書はきっと、その第一歩になるはずです。

本書を書くにあたっては、多くの方たちに支えていただきました。

まず、和久晋三先生。私がピンチの時にはいつも、助けを求めていなくても連絡を必ずくださって、まるで神がかりのようでした。体の不調やメンタルの不調を見抜いてアドバイスをくださる先生に助けられて、私は活動を続けていられます。ありがとうございます。

そして、推薦文を寄せてくださった山口創先生もありがとうございます。幅広い分野で活躍されている先生からは、いつも刺激をいただいています。心から尊敬しています。

編集の坂本京子さん！　泣き言を言わない、言えない私が、坂本さんには甘えてしまう。とにかく、エンジンがかかるまで待ってくださったことが本当に嬉しかったです。

編集協力の尾崎久美さんは、気持ちを汲み取ってくださり、尾崎さん流の励ましをたくさんくださいました。

夫の隆生&愛犬のｍｕ！　安心安全の基地ホームがあるから、私は無茶ができる。ありがとう。

スーパーキョンシーことＡＴ－ＭＡＲＫ ＣＯＮＳＵＬ代表取締役安田邦彦さん。デンタルモンテッソーリ®を広めるために、いつも動いてくれてありがとうございます。

オカンこと有限会社やまぎん代表取締役西川明秀さん。まるでオカン、とにかくオカン！　これからもこんな娘をよろしく。

イニシャルＡ、Ｍ、Ｎの３人は、私の超絶負けず嫌いスイッチを押してくれてありがとう。怒りは私の原動力だってわかってくれているんだね。

特にA！　今にみておれよ、I will definitely win against you!

最後に、生まれてくるはずだった私の赤ちゃんも、ありがとう。

あなたがきっかけで、私はたくさんの子どもたちの成長の助けになりたいという願いを持ち、ここまで頑張ってくることができました。

私の中で、あなたはしっかり生きています。他の多くの子どもたちと一緒に。

上野　清香

デンタルモンテッソーリ®
提携クリニック

コープ歯科クリニック/北海道健康スポーツ歯学研究所

白石典史

❶061-3213　❷北海道石狩市花川北3条3丁目9-2
コープさっぽろいしかり店2階
❸0133-72-1182　❹0133-77-8241
❺https://www.facebook.com/coopdentalclinic
❻coopdentalclinic@gmail.com
❼当院は、日本スポーツ歯科医学会専門医かつ日本スポーツ協会公認スポーツデンティストである院長が、スポーツ歯科医学の視点から患者さんの足元から頭までの全身の健康をサポートします。特にジュニアアスリートへのデンタルモンテッソーリ®を基盤としたサポートはおまかせください！運動能力が高い子どもだからこそ、その能力を将来開花させるために必要なことがあります。共に夢を実現させましょう!!

クリニックHP ▶

山本歯科医院

出原愛理

❶095-0012　❷北海道士別市東2条8丁目
❸0165-23-1688　❹0165-23-4659
❺https://www.goodweb.xyz
❻ー
❼「歯科を通して子どもに関わることがしたい」と考えていた時に出会ったのがデンタルモンテッソーリ®でした。原始反射が強く残りながらも一生懸命頑張る子どもたちへのリカバリー方法やもっと前からの介入が必要と知りました。赤ちゃんからの口育・足育や全身を診ていくことで、子どもの可能性を広げられる。人生の選択肢も増え、自分でやりたいこと行きたいところに挑戦する力も育てられる。保育者の方への力にもなれたらと思います。

クリニックHP ▶

デンタルモンテッソーリ® 提携クリニックです。子どもの心や体の成長で悩んだ時は、ぜひ相談してみてください。

熊谷歯科医院

熊谷 拓

❶030-0812　❷青森県青森市堤町2-21-1

❸017-734-0686　❹017-734-0685

❺ー

❻kumasan214@gmail.com

❼「子にまさる宝なし」と言われるように子どもはかけがえのない存在です。子どもの発達や成長の土台となる呼吸すること、食べること、そして歩くことにこれまでも取り組んでまいりましたが、そこにデンタルモンテッソーリ®の考え方を加えて子どもたちが健やかに、そして元気に成長できるようお手伝いさせていただけたら幸いです。

クリニックメール ▶

ひがしとおり歯科医院

山本真弓

❶010-0003　❷秋田県秋田市東通3-10-15

❸018-831-8867　❹ー

❺www.hahappy.com

❻ー

❼デンタルモンテッソーリ®を通して子育て、自分育てに笑顔をお届けしたいと思っております。

クリニックHP ▶

ナリタデンタルクリニック

成田みどり

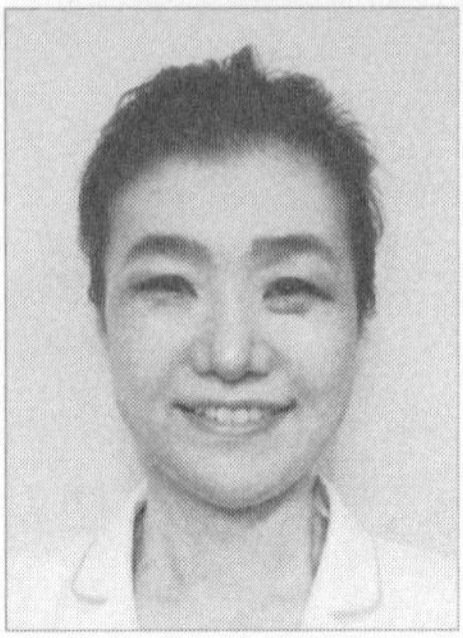

❶156-0057　❷東京都世田谷区上北沢4-14-7　片野ビル2F

❸03-3304-8700　❹03-3304-8845

❺http://www.narita-dc.com/

❻info@narita-dc.com

❼歯科診療に鍼・お灸・漢方処方など東洋医学的アプローチを積極的に取り入れているクリニックです。当院では、これまで取り組んできたことにデンタルモンテッソーリ®の考え方を加え、子どもたちが愛し愛され、心も体も健やかに、軽やかでしなやかな人生を送ることができるようにお手伝いしていきます。そして清香先生の元で学んだ同じ思いの仲間と、この愛の輪をどんどん拡げていけたらと思っています。

クリニックHP ▶

川崎歯科医院

川手鮎美

❶262-0032

❷千葉県千葉市花見川区幕張町6-273

❸043-272-8656　❹043-272-8656

❺Instagram:@KAWASAKI_DENTAL_CLINIC

❻ー

❼「赤ちゃんも子どもも1人の人間。健やかで愛されて幸せになれる様なサポートを歯科からしたい」という思いで診療しております。デンタルモンテッソーリ®の学びでさらに寄り添えるように心がけていきたいと思います。

クリニックInstagram ▶

医療法人社団笑空会
はぐみの杜デンタルクリニック
角田麻衣子

❶276-0040
❷千葉県八千代市緑が丘西3丁目8-10
❸047-409-8708　❹047-409-8708
❺https://hagumi-dc.com/
❻info@hagumi-dc.com

❼ デンタルモンテッソーリ®は、当院が目指す「健康に生き切る人々で溢れる街をつくる」ために欠かせない教育法です。赤ちゃんからお口を育て、体を育て、発達をサポートし、お子さんの成長を一緒に楽しんでいければと思っています。お子さんの明るい未来や可能性を家族一丸となって育んでいきましょう！

クリニックHP ▶

のひら歯科医院
福留早紀子

❶284-0003
❷千葉県四街道市鹿渡2003-25 高宮ビル2F
❸043-424-0018　❹ ー
❺https://www.nohirashika.com　❻ ー

❼お子様の日々の成長は、私達にとってもとても嬉しいことです。自分で考えることができ困難にも立ち向かえる子。みんなから愛され健やかに成長して欲しい。保護者の方の不安な気持ちを軽くして、みんなが笑顔になって欲しい。そのような思いで日々携わっています。デンタルモンテッソーリ®では、脳育や足育、言葉がけなど一人ひとりの成長に合わせて行っていきます。皆様の素敵な未来へのサポートができることを楽しみにしております。

クリニックHP ▶

春日部KT歯科
中山由紀子

❶344-0004　❷埼玉県春日部市牛島1587-3
❸048-737-1501　❹048-737-1501
❺https://kasukabe-kt-shika.yukenkai.com
❻ ー
❼さまざまな学びを得る中で、私は歯科衛生士として何がどこまでできるのかをずっと考えていました。デンタルモンテッソーリ®を学び、これこそが私の最終地点だと感じました。当院の理念は、“「健康長寿と心豊かで実りのある人生を」サポートさせていただく歯科医院”です。デンタルモンテッソーリ®はまさに医院理念に当てはまります。子どもたちの未来ある人生を豊かにできるよう、支援していきたいと思っております。

クリニックHP ▶

内村歯科医院
内村裕香

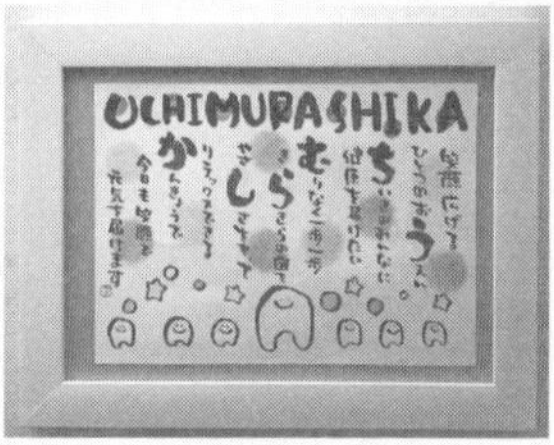

❶349-0135　❷埼玉県蓮田市井沼843-7
❸048-766-9046　❹048-766-9110
❺Instagram:@UCHIMURA.DC
❻info@ucci-dc.com
❼新生児からのかかわり方や言葉がけの違いで、子どもたちの持つ才能が開花する可能性があります。デンタルモンテッソーリ®を取り入れ、子どもたちが健やかに育ち、生きる力を引き出せるようサポートし、保育者の気持ちにも寄り添える医院であるよう心がけています。

クリニックInstagram ▶

あんざい歯科医院
安斎理江

❶386-1102　❷長野県上田市上田原857-17
❸0268-71-6764　❹ー
❺https://www.aanzai.co.jp/
❻anzaidc@gmail.com
❼小児歯科医になって35年。歯科治療に不安のある小さい患者さんたちに寄り添ってきました。言葉は言霊。子どもはみんなYDK（やればできる子）。さやか先生と仲間の皆様との学びの中で、言葉かけがとても大切であるとの思いをさらに強くしています。これからも、お子さんは賢く健康に、そして保護者の心が少しでも軽くなるような小児歯科医療を実践していきます。

クリニックHP ▶

医療法人CREA ただこし歯科・矯正歯科 総合クリニック
藤井奈保

❶505-0123　❷岐阜県可児郡御嵩町古屋敷172-1
❸0574-68-1180　❹0574-68-1181
❺https://www.tadakoshi.com/
❻nahofuji.sg@gmail.com
❼呼吸、話す、食べる、飲み込む、当たり前に思えることが難しい子が増えています。なんか気になるな？　大丈夫かな？　そんな些細に思えてしまうような気付きを持たれた方は、ぜひ当院にご相談ください。どんな言葉をかけて、どんなふうに触れ合っていくか、そして、どんなふうに遊べば発達を施していけるのか。トレーニングではなく日常生活の中からお子さんと保育者の方がハッピーになれる方法を一緒に考えていきますっ!!

クリニックHP ▶

和久医院
和久晋三

❶669-3601　❷兵庫県丹波市氷上町成松330-1
❸0795-82-1470　❹ー
❺http://www.ne.jp/asahi/waku/tamba/
❻ー
❼口は命の入り口とは言いますが、呼吸にも関わります。歯茎や口蓋の状態、舌の状態や位置で色々なことも変わってきます。例えば、舌癒着症（舌が短い）があると、空気の入り口である気管上部が適切な位置に来ず、十分な空気が吸えない状況になります。そうすると「夜泣き」「頻繁な寝返り」「不機嫌」などが起こります。脳の発育・発達にも影響します。デンタルモンテッソーリ®はあらゆる方向から人間力指数の高い子どもを育てます。

クリニックHP ▶

フリーランス歯科衛生士
染田ゆかり

❶ー　❷奈良県
❸ー　❹ー　❺Instagram:@YU_7817074
❻uwahaha-3505yuu-yuu.no1@docomo.ne.jp
❼私は子どもが小さい頃、悩んでいました。相談してもまだ小さいから様子を見ましょう！　と言われる…… いつまで様子を見るのか、他に何処に相談したらいいのかもわからなくて…… もっと早くに知っていたらできたことはあったはず。私みたいに悩んでる方はたくさんおられると思います。一番近くにいて見ているから…… 一生懸命、子育てされてるから悩むんです。悩んでる方に伝えたい！知ってほしいという気持ちで一杯です。

Instagram ▶

フリーランス歯科衛生士
藤田芳実

❶ー　❷福井県　❸ー　❹ー
❺Instagram:@_.dh.yoshimi._
❻jyunbishitsu.r@gmail.com
❼口だけじゃない、体は繋がっている！　学びの中で清香先生と出逢い、歯科衛生士人生がよりカラフルになりました。先人たちのおかげで発展し築かれた世界。その先に生きる私達を取り巻く環境は目まぐるしく変化し続け、いまを生きる・これからを生きていく子どもたちにとって、便利が溢れる現代は豊かな一方、豊かに育つことに弊害があるかもしれない。誰でもない自分だけの人生を自力で楽しくハッピーに生きる！　をお手伝いしたいです。

Instagram ▶

高木歯科医院
清水佐知子

❶699-0101
❷島根県松江市東出雲町揖屋1228-3
❸0852-52-2220　❹0852-52-3184
❺http://takaki-dc.com/
❻ー
❼「健口で健康に」をスローガンに人生100年時代を支える地域の健康ステーションを目指しています。
デンタルモンテッソーリ®を通して、口腔は発育・発達の要であること、口を育てないと育たない時代ということ、歯科だからこそできることを学びました。子どもたちが幸せに生きぬく土台を作れるようにサポートをしていきたいと思います。

クリニックHP ▶

香川歯科医院
参川恭子

❶762-0084　❷香川県丸亀市飯山町上法軍寺931
❸0877-85-3663　❹0877-85-3664
❺Instagram:@SMILE.SUN_DH
❻sangawa.k931@gmail.com

❼子育てって大変！　そう思うことはありませんか？　他の子と比べてうちの子、これができてないけど大丈夫？　そんな不安を抱えて過ごすより、素敵なところを見つけて楽しく過ごしてみませんか？　早くから知ることで、お困りごとが楽しみに繋がることもたくさんあります。お子さんの健やかな成長に寄り添わせていただければ嬉しいです。赤ちゃんから高齢者まで、あらゆる年代の方のお困りごとにお応えできる歯科衛生士でありたい！　そう思いながら医院全体で日々を過ごしています。

Instagram ▲

お口を育てる　口育教室
「親子を結ぶ　omusubiさん🍙」
河畑友美

❶ー　❷香川県　❸ー　❹ー
❺Instagram:@OKUCHI_SODATERU
❻kodomo.e.okuchi@gmail.com

❼香川県で「お口を育てる口育教室」を開催しております。お口の発育・発達を通してお子様一人ひとりの健やかな成長をサポートしてまいります。デンタルモンテッソーリ®は親子の困ったを救うアドバイスがたくさん!!
教室ではデンタルモンテッソーリ®の教えを基盤とし、体幹トレーニングや離乳食相談、お口のマッサージなど親子の毎日が愛で溢れるようお手伝いができればと思います。少しでもお力になれたら幸いです。

Instagram ▲

ひとみ歯科

波止祥子

❶882-0805　❷宮崎県延岡市野田3-1-3
❸080-1406-3845　❹　ー
❺Instagram:@NALU.DH
❻namisho1215@gmail.com

❼これからを生きる子どもたちに、自分で生きる力が育って欲しいという熱い想いでデンタルモンテッソーリ®を学びました。子どもたちの発達は待ったなしです。必要な時に大切な情報を保護者に伝え、楽しく子育てができるお手伝いをしていきたいと思います。

Instagram ▶

おさむファミリー歯科クリニック

島袋郁子

❶901-2222　❷沖縄県宜野湾市喜友名1-31-2
❸098-894-0001　❹098-894-0002
❺https://www.osamufamilydental.com/
❻info@osamufamilydental.com

❼沖縄県宜野湾市で、赤ちゃん歯科、小児歯科をしております。生まれる前からのお口育て、食べ育て、体育て、そして足育。デンタルモンテッソーリ®を受けていただくと、赤ちゃんも家族も、キラキラ笑顔に。赤ちゃんは、ただ育っていくのではなく、家族みんなではぐくむ。そのお手伝いをさせていただきます。

クリニックHP ▶

参考文献

遊んでいるうちに手先が器用になる！ 発達障害の子の指遊び・手遊び・腕遊び
木村 順監修　講談社　2013年

発達が気になる子の　脳と体をそだてる　感覚あそび
鴨下 賢一編著　池田 千紗　小玉 武志　髙橋 知義著　合同出版　2017年

イラスト版　発達障害児の楽しくできる感覚統合
感覚とからだの発達をうながす生活の工夫とあそび
太田 篤志著　合同出版　2012年

手先が不器用な子どもの感覚と運動を育む遊びアイデア
感覚統合を活かした支援のヒント（特別支援教育サポートBOOKS）
太田 篤志著　明治図書出版　2017年

発達の気になる子の　学習・運動が楽しくなる
ビジョントレーニング（発達障害を考える・心をつなぐ）
北出 勝也監修　ナツメ社　2015年

乳幼児期の感覚統合遊び
加藤 寿宏監修　高畑 修平　田中 佳子　大久保 めぐみ編著
クリエイツかもがわ　2016年

書字指導アラカルト（気になる子どものできた！　が増える）
笹田 哲著　中央法規出版　2014年

3・4・5歳の体・手先の動き指導アラカルト（気になる子どものできた！　が増える）
笹田 哲著　中央法規出版　2013年

発達障害の子の感覚遊び・運動遊び
感覚統合をいかし、適応力を育てよう1（健康ライブラリー）
木村 順監修　講談社　2010年

上野 清香 うえの さやか

MEDICAL HSP・HSS・HSCカウンセラー®
コミュニケーションHSP・HSS・HSCカウンセラー®
デンタルモンテッソーリ®創始者
上野歯科医院副院長、一般社団法人Da'at Hug代表
うえのさやか合同会社社長
発達トレーナー、脳育知育トレーナー、抗加齢医学会専門指導士
（その他多数資格保有）

日本中から赤ちゃんが来院する、予約3カ月待ちの「上野歯科医院」で歯科衛生士として勤務するかたわら、「口腔から全身・全身から口腔を診る」ことを発信し、鼻呼吸の大切さと口呼吸の弊害、口から始まる全身疾患などの説明を通して、ヒトの体における口腔の重要性を啓発する活動を行っている。また、新生児から口腔を診ることができる唯一の歯科衛生士として、独自メソッド「デンタルモンテッソーリ®」を確立し、口腔と脳のつながり、口から始まる脳育を行う。また、MEDICAL HSP・HSS・HSCカウンセラー®、コミュニケーションHSP・HSS・HSCカウンセラー®として、子育てに関する悩み相談から解決法を保護者にお伝えしている。さらに年間100本以上の講演を精力的にこなしている。

上野歯科医院
〒158-0093 東京都世田谷区上野毛1-22-1
03-5706-2031
（本の内容に関するお問い合わせはご遠慮ください）

上野清香
公式LINE

上野清香
Instagram

@UENO.DC

STAFF

装丁・デザイン　野口佳大
イラスト　りゃんよ
校正　伊能朋子
DTP　松本圭司（株）のほん
編集協力　尾﨑久美
編集　坂本京子　小田実紀

モンテッソーリ教育×脳育×口育
賢い子を育てる口からはじめる育児メソッド

初版1刷発行　2024年2月22日

著　者　上野 清香
発行者　小川 泰史
発行所　株式会社Clover出版

〒101-0051
東京都千代田区
神田神保町3丁目27番地8
三輪ビル5階
電話　03（6910）0605
FAX　03（6910）0606
https://cloverpub.jp

印刷所　モリモト印刷株式会社

ISBN978-4-86734-200-8　C0037